RÉFUTATION INÉDITE

DE

SPINOZA PAR LEIBNIZ

PRÉCÉDÉE D'UN MÉMOIRE

PAR

A. FOUCHER DE CAREIL.

PARIS.

—

1854.

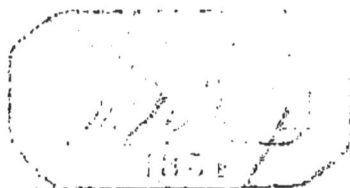

AVANT-PROPOS.

La critique en Allemagne s'est beaucoup oc-
cupée de la question des rapports de Leibniz
avec Spinoza, question difficile et qui sou-
lève celle de savoir si Leibniz a été Spinoziste.
Les noms de MM. Trendelenburg, Erdmann,
Guhrauer et Schulze ont retenti dans ce débat.
M. Schulze, professeur à Gœttingue, avait, pour
répondre à un vœu souvent exprimé par Her-
bart, fait connaître dès 1830, dans la Revue Savante de Gœttingue, les notes marginales d'un

exemplaire de Spinoza, conservé à Hanovre, annoté de la main de Leibniz. Et, comme ces notes ne vont point au-delà de la première partie, il en concluait que Leibniz n'avait pas connu ou du moins étudié les autres. M. Trendelenburg, cependant, mentionnait en 1845 des extraits de l'Éthique de la main de Leibniz, de la 3ᵉ à la 5ᵉ partie.

M. Erdmann, dans la préface des OEuvres Philosophiques de Leibniz, mentionnait également des extraits de l'Éthique faits avec tant de soin, que de la première et de la quatrième partie pas une proposition n'a été omise. Enfin, M. Guhrauer nous apprenait que, pendant son séjour à Paris, Leibniz, qui voyait souvent Antoine Arnauld, lui communiqua un dialogue en langue latine sur la Prédestination et la Grâce, où il rappelait, à propos de ses études sur la question, qu'il n'avait omis la lecture d'aucun des auteurs qui ont écrit sur ce sujet, et qu'il s'était particulièrement attaché à ceux qui avaient le plus outré la nécessité des choses, comme Hobbes et Spinoza.

Si nous résumons cet état de la critique en Allemagne, nous verrons que quelques erreurs s'étaient glissées dans ces énonciations diverses, et que l'on pouvait même y trouver de notables contradictions. M. Schulze n'avait vu de notes marginales qu'à la première partie de l'Éthique, et cependant M. Trendelenburg citait la 3e, la 4e et la 5e. De son côté, M. Guhrauer reprenait M. Erdmann sur deux erreurs assez graves. En effet, M. Erdmann, pour démontrer l'influence de Spinoza sur Leibniz, s'était appuyé sur ce fait, que le petit Traité de Leibniz, intitulé : *De Vita Beata*, composé, selon lui, vers 1669, contient quelques phrases textuellement empruntées à l'Éthique et au Traité *De Emendatione Intellectus*. Il citait à l'appui les expressions dont Leibniz s'était servi pour louer l'amour de Dieu, et il renvoyait à Spinoza qui en a d'approchantes. Mais il avait oublié de consulter Descartes, où elles se trouvent tout au long et où Leibniz comme Spinoza a pu les prendre. Enfin, il avait oublié surtout que l'Éthique étant postérieure à la date qu'il a fixée, il est bien impossible que ce soit à Spinoza que Leibniz ait fait cet emprunt.

Mais ces erreurs de détails écartées, ce qui ressort clairement de l'état de la critique en Allemagne sur ce point difficile, c'est qu'on ne connaissait et encore assez vaguement que des extraits de l'Éthique faits par Leibniz, mais non pas une réfutation des propositions de l'Éthique, ou du moins d'un grand nombre, également de la main de Leibniz, et revêtue d'un caractère certain d'authenticité.

Le manuscrit que nous publions aujourd'hui est destiné à combler cette lacune. Caché sous un nom qui n'attirait pas la curiosité comme celui de Spinoza, confondu dans une liasse qui porte le nom de Wachter, il a échappé aux recherches. Nous l'offrons aux amis des études philosophiques en France [1].

Ce manuscrit contient la réfutation de propositions empruntées, non pas à telle ou telle partie de l'Éthique, mais à toutes; donc Leibniz les a toutes connues.

Le Traité Theologico-Politique, celui de la Réforme de l'Entendement, les lettres mêmes de Spinoza sont cités; donc Leibniz connaît l'œuvre entière du philosophe hollandais.

Il ne le cite que pour le réfuter; donc Leibniz n'est Spinoziste ni de près ni de loin.

Si l'on demande quelle est la date approximative de cet écrit, on peut la fixer avec assez de certitude entre 1706 et 1710. En effet, la Théodicée ne parut qu'en 1710, et elle contient une page tout entière évidemment empruntée à notre manuscrit, où Leibniz paraît d'ailleurs avoir puisé tout ce qu'il dit de Spinoza. Mais, comme

[1] Voir la notice sur le livre de Wachter, et le manuscrit de Leibniz qui la suit.

le livre de Wachter ne parut qu'en 1706, c'est bien certainement entre 1706 et 1710 que Leibniz en écrivit la critique. Le texte seul prouve que Leibniz est en possession de la Monadologie et de l'Harmonie préétablie.

Une objection naît de cette fixation de date. Ce manuscrit, dira-t-on, est de Leibniz, en pleine possession de sa philosophie, et ne saurait atténuer l'effet qu'a dû produire sur Leibniz, plus jeune et moins maître de sa pensée, la doctrine de Spinoza. Cette assertion, dénuée de preuves, tombe devant ce fait bien simple.

La publication de l'Éthique est de 1677.

Or, dès 1672, Leibniz s'est séparé de Descartes sur l'idée fondamentale de la substance. Il est prêt à combattre Spinoza, et certes il n'a pas secoué le joug du maître pour porter celui d'un disciple inférieur au maître.

En 1673, nous le voyons en possession d'une autre idée fondamentale : celle-là même d'où naîtra plus tard la Théodicée. Il enseigne un Dieu libre dans son choix au moment où Spinoza enseigne un Dieu fatal.

Enfin, l'Éthique paraît, 1677. Leibniz se procure le livre. Il le lit. Qu'écrit-il à Hugens, le 1er décembre 1679? « Je voudrois savoir si vous avez lu avec attention le livre de feu M. Spinoza. Il me semble que ses démonstrations prétendues ne sont pas des plus exactes, par exemple lorsqu'il dit que Dieu seul est une substance et que les autres choses sont des modes de la nature divine. Il me semble qu'il n'explique pas ce que c'est que substance. »

Dans un autre de ses écrits, on trouve le jugement le plus court mais aussi le plus énergique qui ait été porté par un contemporain, renfermé dans ce mot : « L'Éthique ou de Deo, cet ouvrage si plein de manquements, que je m'étonne. »

Hanovre, 25 octobre 1853.

MÉMOIRE

SUR LA RÉFUTATION INÉDITE

DE

SPINOZA PAR LEIBNIZ.

Je ne crois pas à l'influence de Spinoza sur Leibniz ; j'en donne les raisons dans l'avant-propos. Je crois, au contraire, trouver dans les principales opinions philosophiques de Leibniz et dans le lien systématique qui les unit, la trace d'une réaction puissante contre Spinoza. J'arrive donc de suite à la réfutation de Spinoza par Leibniz dans les termes où le manuscrit nous la donne [1].

Une réfutation de Spinoza peut sembler radi-

---

[1] Voir ce manuscrit et la traduction à la suite de ce Mémoire.

cale et n'être que partielle ; on lui conteste son point de départ, et comme d'après l'hypothèse tout son système est renfermé dans la première définition de la première partie de l'Ethique, la première Proposition détruite, toutes les autres le sont. C'est là ce que j'appellerais volontiers la réfutation paresseuse du Spinozisme. Elle paraît la plus profonde et c'est la plus facile. La seconde méthode, moins brillante, est au fond plus solide, mais demande plus d'étude et plus de raison. Il faut appliquer l'analyse et critiquer chaque Proposition, ou du moins toutes celles qui paraissent dignes de l'être ; il faut surtout noter les contradictions. C'est la méthode de Leibniz. Mais qu'on ne s'y trompe pas, Leibniz ne se contente pas de détruire, il fonde : à un système il en oppose un autre radicalement contraire et il l'applique à la réfutation de Spinoza : c'est là le côté original, imprévu, de son œuvre, celui qu'il faut restituer.

Enfin, bien qu'analysant minutieusement et avec détail, il caractérise l'ensemble de la doctrine qu'il attaque et il la caractérise tout différemment de notre manière moderne. Est-il plus vrai par la sévérité de sa critique qu'on ne l'a été de nos jours par l'excès de la louange? Est-il au-dessous de la vérité en faisant du Spinozisme une théorie moins redoutable qu'on ne le croit d'ordinaire? Entre Leibniz et ses modernes compatriotes chacun peut juger. Ce n'est ni le temps ni le lieu de lui opposer Hegel ou Jacobi.

J'ajoute que cette réfutation me paraît sincère : ce sont en effet de simples notes qui la renferment. Evidemment Leibniz ne les destinait pas à voir le jour. Ce n'est pas le besoin de mettre sa doctrine à couvert et de renier des opinions condamnables qui lui a mis la plume à la main. Il censure les propositions de Spinoza parce qu'il les croit fausses. Sa sincérité ne saurait être suspectée.

C'est une opinion généralement reçue que la Théodicée de Spinoza, ou son Traité de Deo, en un mot, la première partie de l'Ethique renferme toute sa doctrine. Leibniz cite dans sa réfutation neuf propositions tirées de cette première partie, et en démontre la fausseté. La première des propositions qu'il mentionne est la 13e de l'Ethique; des douze premières il ne dit rien : non pas qu'il les approuve, mais il trouve les démonstrations qui s'y rattachent pitoyables ou non intelligibles [1].

Elles ont pour but d'établir :

1° Qu'il n'y a qu'une substance ;

2° Que l'existence appartient à sa nature ;

3° Qu'elle est nécessairement infinie ;

4° Qu'une substance ne saurait en produire une autre.

Leibniz, dans une lettre à Hugens, leur adresse le reproche très-général et très-fondé de ne rien nous apprendre sur la nature de la substance, qu'elles doivent expliquer ; et il n'admet pas qu'un esprit sérieux se puisse contenter de la définition nominale qui ouvre le premier livre de l'Ethique.

Après avoir posé la substance une, Spinoza en déduit les attributs. Les attributs sont ce que la raison saisit de la substance comme constituant son essence. La substance de Dieu enveloppe des infinités de tels attributs (Prop. XI). Elle a d'autant plus d'être qu'elle en a un plus

---

[1] Voir Leibniz. Ed. Erdmann, p. 179.

grand nombre. (Prop. IX). Ils sont sa nature
(Prop. V) définie, mais totale. On pourrait
croire que Spinoza va développer toute la
richesse de ces attributs infinis en une variété
merveilleuse. Mais, par un brusque retour à la
simplicité des voies et moyens qu'enseignait
Descartes, dans le Coroll. de la Prop. XIV il
borne tout le progrès de ses déductions à deux,
qui sont la pensée et l'étendue.

Cette simplicité apparente cache bien de la
confusion et de l'obscurité. Sur ces deux attributs il y en a un de trop : car ils sont hétérogènes, et mettre en Dieu, c'est-à-dire dans
l'Être absolu et parfait des choses hétérogènes,
telles que la pensée et l'étendue, c'est du même
coup ruiner ses perfections, altérer sa simplicité, et cela, comme le dit Leibniz, par une imagination grossière dont il signale les dange-
reuses conséquences. La définition même de la
pensée est la négation de l'étendue : et celle-ci
implique à son tour la négation de la pensée.
Nous concevons l'étendue sous le caractère de
l'imperfection et comme dépouillée de raison.
« Oui, répond Spinoza, mais cela n'empêche pas

que l'esprit soit forcé, s'il s'élève au-dessus de la quantité divisible et finie, de la quantité imaginaire, d'accorder à l'étendue les caractères de l'Éternité et de l'Infinité. Quant à l'imperfection que vous lui reprochez, elle suit de sa nature, donc elle ne saurait l'altérer. »

C'est ici qu'avec une originalité merveilleuse, Leibniz lui oppose le plus subtil travail de sa métaphysique sur la matière et sur l'étendue. Spinoza met en Dieu l'étendue : Ce n'est pas, nous dit Leibniz, qu'il veuille faire son Dieu corporel. Nullement, il veut seulement qu'il enveloppe la substance étendue ; et il fait de cette dernière un attribut infini de Dieu [1]. Mais, d'abord, l'étendue n'est pas une substance ; l'étendue seule est quelque chose d'incomplet, une pure puissance, ce qu'Aristote appelle : $\delta\nu\alpha\mu\iota\kappa\grave{o}\nu$ $\pi\rho\tilde{\omega}\overline{\tau}o\nu,$ $\pi\alpha\theta\eta\overline{\tau}\iota\kappa\grave{o}\nu$ $\pi\rho\tilde{\omega}\overline{\tau}o\nu$ $\dot{\nu}\pi o\kappa\epsilon\acute{\iota}\mu\epsilon\nu o\nu,$ ce que moi j'appelle : *Matière première.*

Est-ce là ce dont Spinoza entend faire un attribut infini de Dieu? « Je réponds que l'éten-

---

[1] Voir Schol. de la Prop. XV et Lettre 72, où il avoue qu'il n'a pas encore pu mettre en ordre ses pensées sur ce sujet, et cela en 1676, une année avant sa mort.

due, ou si l'on veut la matière première, n'est autre chose qu'une certaine répétition indéfinie des choses en tant qu'elles sont semblables entre elles ou indiscernables.

Mais de même que le nombre suppose des choses nombrées, l'étendue suppose des choses qui se répètent et qui, outre les caractères communs, en ont de particuliers. Ces accidens, qui sont propres à chacune, rendent actuelles, de simplement possibles qu'elles étaient d'abord, les limites de grandeur et de figure. La matière purement passive est quelque chose de très-vil qui manque de toute vertu, mais une telle chose ne consiste que dans l'incomplet ou dans une abstraction. »

Ceux qui veulent qu'une telle chose soit une substance renversent l'ordre des paroles aussi bien que des pensées. Outre l'étendue, il faut avoir un sujet qui soit étendu, c'est-à-dire une substance à laquelle il appartient d'être répétée et continuée. La notion de la substance répandue ou répétée est donc antérieure à sa répétition. Mais que serait-ce qu'un Dieu qui se répète et se continue sinon la matière? Mais alors com-

ment peut-on lui attribuer l'unité et l'indivisibilité ?

Elle est une, dites-vous : mais elle a des parties, ou elle n'est plus l'étendue. Elle est infiniment divisible : est-ce pour cela que vous la
déclarez indivisible ? Elle répète indéfiniment
les choses en tant qu'elles sont semblables.
Donc elle suppose les choses qu'elle répète. Donc
elle n'en est pas la source infinie, mais l'indéfinie répétition dans l'espace et dans le temps.

C'est une pure puissance, vous en faites l'acte
de Dieu ; c'est quelque chose de passif, vous en
faites l'énergie des êtres, un principe d'action,
la force de diffusion de la divinité, tandis qu'elle
n'est que la matière diffuse en dehors de Dieu.

Spinoza appuie cette erreur sur une fausse
manière de considérer la quantité. Dans le Schol.
de la Prop. XV et dans sa Lettre 29 sur l'infini, il distingue deux sortes de quantités, l'une
que l'on imagine, l'autre que l'on perçoit par
l'entendement : la première, que l'imagination
nous représente divisible et qu'un penchant naturel nous porte à diviser ; la seconde, que nous
concevons comme indivisible à l'aide de l'enten-

dement qui nous en fait percevoir la substance
et non plus les modes. Leibniz, dans la réfutation, se contente de faire remarquer ce qu'il y
a d'étrange à dire que l'étendue n'est pas divisible : mais on peut, à l'aide de textes nombreux,
reconstituer sa pensée plus développée sur ce
point et l'opposer à Spinoza en ces termes :
« Vous mettez en Dieu la quantité, mais
c'est la quantité sans divisibilité. En effet,
Dieu ou la substance est indivisible, donc
en tant que substance la quantité l'est aussi.
Mais en vérité ce n'est rien dire, et même il
importe peu qu'il s'agisse d'une quantité réelle
ou idéale. S'il s'agit de la première, elle est ac-
tuellement sous-divisée en une infinité de parties.
Je dis *une infinité* parce qu'il n'y a pas de raison
suffisante de limiter cette division et bien moins
encore de déclarer l'indivisibilité. Entendez-
vous parler au contraire de la seconde, c'est-
à-dire de la quantité idéale : elle enveloppe
la possibilité d'être divisée à l'infini. Prenons
pour exemple la quantité de la matière : comme
Descartes et comme vous, je ne vois pas
de raison de la limiter. Mais je suis loin d'en

conclure qu'elle est indivisible et infinie : j'en conclus, au contraire, qu'elle est infiniment divisible[1]. En effet, entendez-vous parler de la quantité réelle ou de la quantité idéale de la matière. Dans un cas, la division est actuelle ; dans l'autre, elle est possible. Dans les deux, il y a divisibilité. Ce ne peut donc être ni de l'une ni de l'autre que vous entendez parler quand vous parlez de la quantité indivisible et infinie, qui est Dieu. Il reste que ce ne soit d'aucune quantité connue. »

Les défenseurs de Spinoza insistent et voient là une belle application des mathématiques à la métaphysique : « Pour Spinoza, nous disent-ils, les quantités finies s'anéantissent, et ce qui reste est l'infini. C'est précisément la loi du calcul inventé par Leibniz. »

Il n'y a qu'un malheur : il est bien vrai que chez Spinoza les quantités finies s'annulent, mais ce qui reste n'est pas l'infini, c'est l'indéterminé.

Leibniz le lui prouve par son analyse si fine

---

[1] Nous nous réservons de revenir sur cette opinion de Leibniz, que paraissent contredire les résultats acquis de la science. Nous insistons seulement sur un point : c'est qu'elle contredit certainement l'opinion de Spinoza.

et si délicate de l'étendue : quand on en retranche toutes les déterminations, ce qui reste c'est quelque chose de très-vil et d'incomplet, une pure abstraction et non pas l'infini.

Or, Spinoza est forcé d'en retrancher toutes les déterminations pour en faire un attribut de Dieu, car dans sa philosophie, toute détermination est purement négative, et l'attribut, au contraire, doit être une affirmation absolue. Maintient-il la distinction de la pensée et de l'étendue, il détermine aussitôt l'étendue à une certaine manière d'être : *in certo entis genere consistit :* alors il est Cartésien, mais il doit l'être jusqu'au bout et ne pas mettre en Dieu l'étendue.

Veut-il, au contraire, à force d'indétermination, faire entrer l'étendue dans la notion de la substance avec la pensée, cette indétermination même la fait évanouir ; alors il n'est plus Cartésien, mais ce qu'il met en Dieu ou rien, c'est la même chose.

Que Spinoza renonce donc, enfin, à cet attribut qui n'exprime rien; un étendu infini n'est rien que d'imaginaire; un être pensant, infini, c'est Dieu lui-même.

Telles sont les fortes paroles par lesquelles Leibniz conclut sa critique des attributs hétérogènes mis en Dieu pour être l'expression de sa nature. Dieu, suivant Spinoza, avait deux attributs qui l'expriment. L'un est tombé, l'autre demeure. La pensée a encore une fois triomphé de l'étendue.

Spinoza, cependant, ne renonce pas à composer le monde; et si vous lui demandez: La création est-elle possible, il vous répondra qu'elle est nécessaire. Si l'on cherche quelle est la tendance philosophique de Spinoza au sujet de la création, c'est évidemment de reléguer parmi les fictions l'idée d'une création tirée du néant, en vertu du principe: *Ex nihilo nihil.* Le fameux Scholie de la Proposition XV, qui, en dernière analyse, a pour but de prouver que l'essence de la matière enveloppe son existence, prend une forme polémique insultante qui ne revient que dans les momens décisifs, et trahit, en même temps que les préoccupations du Kabbaliste, le secret et l'effort du Logicien.

Voici dans quelle alternative se trouvait Spinoza. Le principe *ex nihilo nihil* est un principe essentiellement matérialiste. On pourrait faire l'histoire de son origine, de ses développemens et de ses conséquences. C'est le principe employé par Lucrèce et toute l'antiquité païenne pour démontrer la nécessité de la matière et l'éternité du monde. Par ses conséquences il devait plaire à Spinoza, mais par ses origines il semble qu'il lui fut interdit de s'en servir.

Ce principe, en effet, est tiré de la loi même qui règle les générations dans l'ordre de la nature, où il est très-certain que rien ne se fait de rien, en ce sens que chaque chose a son germe. C'est donc un principe fourni par le spectacle des causes particulières et finies, et qui, jusqu'à preuve du contraire, ne vaut que pour les êtres finis et contingents, un principe qui d'ailleurs ne nous dit rien des âmes, et que Leibniz met au défi d'expliquer les modes de la substance, explication devenue cependant bien nécessaire dans un système qui ne voit partout que de tels modes.

Mais comment Spinoza, qui rejette dédaigneusement le secours de l'expérience et ne veut pas de la considération des causes secondes, pouvait-il admettre et employer l'existence d'une loi que l'expérience seule peut fournir, et que rien n'amène dans le progrès d'une déduction logique? De quel droit pouvait-il enfin appliquer à la cause infinie un principe qui ne pouvait lui être suggéré que par le spectacle des causes secondes dont il prétend se passer? Evidemment, pour l'admettre, il fallait que Spinoza sacrifiât sa méthode, que parti de la raison il revînt à l'expérience et renversât tout l'ordre de sa philosophie.

Que fait Spinoza : il transforme ce principe [1], il en fait un axiome de la raison. Ce principe, que lui fournit la grossière existence des êtres finis, il lui donne la valeur d'une cause efficiente, et il le formule ainsi : « Tout est en Dieu, c'est-à-dire Dieu renferme l'être et l'idée de chaque chose. » C'est la formule de son panthéisme, il ne dit pas : « Tout est de Dieu, *ex Deo*, c'est-à-dire Dieu produit l'existence de chaque chose conforme à son idée qui est en lui. Tout est en Dieu, *in Deo*. Dieu renferme l'être et l'idée de

---

[1] Voir sa Lettre XIX.

chaque chose. Donc toutes les choses qui sont produites sont le produit des seules lois de la nature infinie de Dieu, et ne sont que des suites de la nécessité de son essence. »

Telle est, dans Spinoza, la transformation inattendue du vieux principe sur lequel avaient vécu et disserté les matérialistes du monde païen. La déduction est plus savante : la conséquence est la même.

Mais comment attaquer, nous dit-on, un axiome reconnu pour une vérité éternelle; comment en infirmer les conséquences? Voulez-vous donc que la raison se refuse à l'évidence de ses lois, qu'elle se renie elle-même? Dans la question si grave du rapport du fini et de l'infini, quel est le problème? c'est d'expliquer la dépendance du monde, l'action de Dieu. Le dualisme explique cette dépendance, cette action, à sa manière; le panthéisme à la sienne; le système de la création ne l'explique pas.

Je ne dirai qu'une chose : Spinoza, nous l'avons vu, ne peut rien expliquer qu'en vertu de ces deux principes : ou bien le principe matérialiste dans son ancienne formule souvent rappelée par lui : *Ex nihilo nihil*, ou bien ce principe transformé, devenu une vérité rationelle à priori, et la formule même du panthéisme : *Dieu renferme l'être et l'idée de chaque chose.*

S'il emploie le premier, il a tort d'appliquer à Dieu un principe qui n'est applicable qu'aux choses finies. S'il emploie le second, et c'est en effet celui qu'il emploie dans l'Ethique, il a tort d'appliquer aux choses finies un axiome qui ne s'applique qu'à Dieu et aux vérités éternelles infinies.

Leibniz s'attache à détruire la fausse application du second de ces principes, et signale avec une merveilleuse clarté le vice radical de la logique de Spinoza, qui est précisément de confondre les idées générales et les notions individuelles; il ruine ainsi la prétendue impossibilité de la création. Bien loin d'y voir une impossibilité quelconque, Leibniz n'y voit que la réalisation des possibles, qui de simples prétendans qu'ils étaient d'abord arrivent à l'existence réelle sous le nom d'êtres contingents. Les idées de ces choses sont en Dieu leur auteur; elles y forment ces grandes familles philosophiques des genres et des espèces de Platon ; elles sont les essences des choses coéternelles à Dieu, enveloppées dans son essence infinie, d'où elles jaillissent sans cesse comme le courant éternel qui porte les choses à l'existence. D'elles seules est vrai ce que Spinoza applique à tout, même aux individus et aux êtres contingents et finis, à savoir cet axiome : *que l'essence de la chose renferme son être et son idée* [1].

Spinoza suppose ici gratuitement l'identité des idées générales et des notions individuelles, et il applique aux unes ce qui n'est vrai que des autres ; Spinoza se trompe en les croyant identiques ; elles ne le sont pas. Ce qui convient aux espèces ne convient pas aux individus ; les caractères de ces notions diffèrent. Les premières ne suivent que l'ordre des idées, les secondes suivent de plus l'ordre des existences. On ne peut comprendre Dieu sans les idées ; on

---

[1] Malgré le Schol. de la Prop. X, cet axiome que Spinoza paraît désavouer lui appartient en propre ; car après l'avoir rejeté en commençant, il y revient en finissant. Voir Prop. X. p. 2.

XVIII

ne peut comprendre les existences sans Dieu. L'essence est simple, elle n'enveloppe que des vérités éternelles ou nécessaires. La notion de l'existence est complexe, elle requiert autre chose. Cette distinction se retrouve entre l'espèce et l'individu; rien que d'abstrait et de théorique dans la notion de la sphère en général ; mais au contraire, la notion d'une certaine sphère donnée doit enfermer tout ce qui appartient au sujet de cette forme. La première n'exprime que les vérités éternelles, la seconde enferme quelque libre décret de Dieu, la suite de l'univers, l'ordre même de la création. Donc l'ordre de la création, le plan du monde, nié et méconnu par Spinoza, est d'une importance considérable même dans des méditations abstraites sur la nature des choses. La vraie philosophie le consulte, la fausse seule prétend s'en passer [1].

C'est pour ne l'avoir pas consulté ou même

[1] Sans doute Spinoza connaissait la distinction entre le général et le particulier. Il l'énonce dans ses Lettres, mais il l'a méconnue dans le Scholie de la Prop. XV, et généralement dans toute l'Ethique; et Leibniz a bien raison de la rétablir contre lui.

compris que Spinoza applique continuellement à faux l'axiome que *l'essence de la chose renferme son être et son idée.*

Axiome vrai pour les espèces, faux ou du moins inapplicable quand il s'agit des individus. Les individus ne sont pas le fondement des notions distinctes ou des idées claires de Descartes, comme les essences et les espèces ; ils ne sont donc pas en connexion nécessaire avec Dieu ; ils ne sont donc pas le produit de la nécessité, mais du libre décret et de l'inclination raisonnée de leur auteur. « Il est donc faux de dire Eth. p. 1, Prop. XXXIV, que Dieu est de la même nécessité cause de soi et cause de toutes choses. Dieu existe nécessairement, mais il produit librement. Dieu a produit la puissance des choses, mais elle est distincte de la puissance divine. Les choses opèrent elles-mêmes bien qu'elles aient reçu les forces d'agir. »

La réfutation abonde en textes où est énergiquement marquée la liberté de Dieu dans la production du monde. « Il a tort, nous dit Leibniz, parlant de Spinoza, il a tort de dire que le monde est l'effet de la nature divine, bien

qu'il laisse entendre qu'il ne l'est pas du hasard.
Il y a un milieu entre ce qui est nécessaire et
ce qui est fortuit. C'est ce qui est libre. Le
monde est un effet volontaire de Dieu, mais à
cause de raisons inclinantes ou prévalentes.
Quand bien même on en supposerait la perpétuité, il ne serait point nécessaire. Dieu
pouvait ou ne pas créer ou créer autrement,
mais il ne devait pas le faire (*non erat facturus*). »

Le Dieu de Leibniz a un rapport aux possibles et il les détermine. Il a donc un entendement qui en a les idées, et une volonté qui
choisit. Son entendement est la source des essences et sa volonté la source des existences.
C'est une cause intelligente et libre. Les traits
de la personne humaine, agrandis, renouvelés,
s'y montrent jusque dans la lumière inacces-
sible. De grands restes de l'image de Dieu dans
l'homme servent à reconstituer son idéal. Leibniz
y découvre des veines cachées en retranchant
ce qui les empêche de paraître. On sent bien
que Spinoza, en partant de l'immobile unité, ne
pouvait admettre de telles conséquences. Pour
lui, c'est de l'anthropomorphisme tout pur. En

effet, son Dieu, réglé par le mécanisme de sa nature, est plus simple, et on ne saurait l'accuser de faire le personnage de la divinité. Il n'a ni l'entendement qui va au vrai, ni la volonté qui va au bien. Un Dieu relatif à son intelligence et à sa volonté, c'est pour lui quelque chose d'aussi étrange qu'un Dieu qu'on ferait relatif au mouvement et au repos. Les hommes ont cru pouvoir lui faire honneur de leurs perfections, ils ne savaient pas que l'entendement et la volonté qui constitueraient l'essence de Dieu n'auraient pas plus de rapport à leur intelligence et à leur volonté que le chien, signe céleste, et le chien, animal aboyant. Ni la volonté, ni l'intelligence n'appartiennent à la nature de Dieu. C'est ce que Leibniz exprime merveilleusement. « Spinoza, dit-il, cherchait une nécessité métaphysique dans les événemens, il ne croyait pas que Dieu fût déterminé par sa bonté et par sa perfection, mais par la nécessité de sa nature, comme le demi-cercle est obligé de ne comprendre que des angles droits, sans en avoir ni la connaissance ni la volonté. »

Toutefois, Leibniz reconnaît lui-même qu'il

y a quelque chose d'obscur dans le sentiment de Spinoza sur ce sujet, et il exprime ainsi dans la Théodicée l'apparente contradiction qui s'y trouve : *Cogitationem non intellectum concedit Deo*. Dans la réfutation, il renvoie de plus aux textes. Par le Schol. de la Prop. XVII, p. 1, Spinoza refuse à Dieu *l'entendement ;* par la Prop. I de la 2ᵉ partie, il lui accorde *la pensée*. Wachter [1] prétendait tout expliquer par la distinction des deux verbes en Dieu : l'un, qui lui serait intérieur et dont Spinoza ne veut pas ; l'autre, qui lui serait extérieur et qu'il admet, au point que Wachter est persuadé que Spinoza a reconnu la création par le verbe ou intellect externe. On comprend que Leibniz ne se soit pas contenté de pareils commentaires, et qu'il ait maintenu la contradiction des deux Propositions.

Cependant, et malgré l'autorité de Leibniz, je ne crains pas d'affirmer qu'il n'y a là aux yeux de Spinoza aucune contradiction. Non, il est très vrai que dans son système, Dieu pense sans

---

[1] Voir pour Wachter la Notice qui précède le manuscrit de Leibniz.

comprendre et qu'il agit sans vouloir. Voici comment : la pensée, prise au sens large, et jusqu'à un certain point au sens cartésien, *cogitatio* est une force infinie universellement répandue dans la nature des êtres. Tant qu'elle ne vient pas à la connaissance de soi, elle n'est ni entendement ni savoir (*intellectus*). Ne recevant aucune forme, elle ne perd rien de son infinité. L'être dont elle est l'attribut infini peut penser sans avoir la *sagesse*. Il peut agir sans vouloir le *bien*. A ce degré d'indétermination, la nature est *naturante*, c'est-à-dire libre [1].

Entendez-vous parler, au contraire, des déterminations de la pensée, et il y en a de toutes sortes : l'intellect en est une, la volonté une autre, le désir et l'amour également ; alors la nature est *naturée*, c'est-à-dire nécessaire ou fatale.

Si nous traduisons en un langage moins barbare cette Proposition fondamentale de l'Ethique, toujours invoquée pour établir la distinction de Dieu et du monde dans le système de Spinoza, voici ce qu'elle signifie : Dieu est la

[1] Voir Schol. de la Prop. XL.

pensée sans conscience d'elle-même (ce qui est la négation même de la pensée aux termes de la définition de Descartes)[1]. Dans cet état d'indétermination, la pensée ne connaît point de bornes : elle est libre comme l'Océan. Si elle se détermine, les modes déterminés d'elle-même, c'est-à-dire les pensées, les volontés particulières, etc., etc., tout enfin n'est qu'une suite nécessaire de sa nature.

Mais comme la pensée n'est plus à l'état indéterminé, quand elle se détermine, il suit de là que, par l'acte créateur, la pensée infinie s'annule, et de même aussi la liberté. Et il ne reste qu'un monde nécessaire.

La nécessité des choses, tel est, en dernière analyse, le seul résultat de la Théodicée de Spinoza : « J'ai montré, nous dit-il, en concluant sa première partie, que tout a été prédéterminé par Dieu, non pas en vertu d'une volonté libre ou d'un absolu bon plaisir, mais en vertu de sa nature absolue ou de son infinie puissance. »

---

[1] *Cogitationis* nomine intelligo illa omnia quæ nobis consciis in nobis sunt, quatenus eorum in nobis *conscientia* est. Voir aussi les Lettres 27 et 41 de Spin.

Leibniz, avec une perspicacité merveilleuse, fait la part de l'erreur et de la vérité qui se mêlent dans cette conclusion. « Il a raison, nous dit-il, parlant de la polémique de Spinoza contre les partisans du bon plaisir et de l'absolutisme, il a raison de ne pas vouloir d'un Dieu indifférent, et décrétant toutes choses par une volonté absolue. Dieu décrète par une volonté qui s'appuie sur des raisons, *voluntate rationibus innixa.* »

Mais il a tort de ne point reconnaître de bonté en Dieu, et d'enseigner « que toutes les choses existent par la nécessité de la nature divine, sans que Dieu fasse aucun choix. »

« Entre ce qui est nécessaire et ce qui est fortuit, il y a un milieu, c'est ce qui est libre. »

Telle n'est pas la pensée de Spinoza. Après avoir expliqué, comme il le dit, la nature de Dieu, après lui avoir enlevé l'intelligence et la volonté, après avoir réglé sa vie du dedans par la nécessité sourde, sa vie du dehors par un mécanisme brut, il s'adresse aux hommes et il les engage à s'affermir de plus en plus dans la doctrine de la nécessité, à se faire un destin à la turque. Pour lui, il a tâché de déraciner des préjugés invétérés dans la race humaine. Il en est deux surtout qu'il a combattus, qu'il combat encore : le préjugé des causes exemplaires et celui des causes finales [1].

« J'avoue, nous dit-il, que l'opinion qui soumet toutes choses à une certaine volonté indifférente, et les fait dépendre du bon plaisir de Dieu, s'éloigne moins du vrai, à mon avis, que celle qni fait agir Dieu en toutes choses par la raison du bien. »

En effet, le principe des causes finales devait être impitoyablement exclu d'une philosophie, qui, en dernière analyse, arrivait à l'identité du bien et du mal, de la beauté et de la laideur, du vice et de la vertu; et je comprends parfaitement que Spinoza les ait bannies comme des compagnes importunes dont la présence lui déplaît.

Mais ce dédain des causes finales sans lesquelles on prétendait tout expliquer, cachait plus d'ignorance qu'il ne décélait de véritable

[1] Voir Schol. 11 de la Prop. XXXIII et l'appendice de la première partie.

savoir. La nature, comme le dit fort bien Leibniz, a pris ses précautions contre les partisans exclusifs de l'application de la méthode des géomètres à la métaphysique. Elle a des voiles qui ne se laissent soulever que par des mains discrètes et pieuses. Et comme elle porte partout les traces de la sagesse et de l'harmonie, il faut recourir à d'autres principes qu'à ceux de la nécessité sourde des géomètres.

Les mathématiques elles-mêmes demandent de ces adresses : et, dans le calcul de l'Infini, on est arrêté à chaque pas si l'on ne sait manier une analyse supérieure qui donne de nouvelles ouvertures. La voie linéaire et purement géométrique où était entré Spinoza est une voie bornée, et ne mène pas aux découvertes : « Spinoza est mort cet hiver (écrit Leibniz à l'abbé Galloys, en 1677). Je l'ay vu en passant par la Hollande, et je luy ai parlé plusieurs fois et fort long-temps. Il a une étrange métaphysique, pleine de paradoxes. Entre autres, il croit que le monde et Dieu n'est qu'une même chose en substance, que Dieu est la substance de toutes choses, et que les créatures ne sont que des modes ou accidens. Mais j'ay remarqué que quelques démonstrations prétendues qu'il m'a montrées ne sont pas exactes. Il n'est pas si aisé qu'on pense de donner de véritables démonstrations en métaphysique. Cependant, il y en a, et de très belles. » Ce n'est donc pas pour avoir voulu démontrer et définir que Spinoza s'est trompé : mais il avait les vues courtes et bornées. Il s'est privé d'utiles auxiliaires, il a tout sacrifié aux apparences de la rigueur géométrique. Il a introduit en métaphysique, sans réserve et sans véritable connaissance, la nécessité sourde des géomètres. Il a négligé les principes de la convenance, de l'harmonie, de la sagesse, faute d'en comprendre la valeur et le légitime emploi. C'est pourtant, dit Leibniz, une belle rencontre que la nature porte elle-même dans ses lois générales, le témoignage de son souverain auteur, ce qui n'arriverait pas, s'il y avait toujours lieu à une démonstration de la géométrie.

La réfutation nous ramène à la seconde partie de l'Ethique et aux suivantes. Il faut poursuivre le résultat de ses erreurs sur Dieu, dans un autre domaine. Il faut voir à l'œuvre sur les vérités de fait ce théoricien célèbre, qui vient de mutiler si étrangement les vérités éternelles.

Mais, d'abord, y a-t-il pour Spinoza des vérités de fait ? J'appelle ainsi, avec Leibniz ; celles qui enveloppent une *existence* [1] et forment une notion individuelle. Or, pour Spinoza, la substance est une notion accomplie par elle-même, et qui n'a besoin d'aucune autre idée qui la forme et qui l'achève. Il ne saurait y en avoir qu'une seule de cette nature, elle exclut toutes les autres. Et comme l'idée de celles qu'on nomme individuelles enveloppe toujours quelque existence et en reçoit sa forme et son achèvement, il en résulte qu'on demanderait vainement à Spinoza une réalité qu'il ne peut nous donner. Spinoza n'en convient pas ; il croit positivement que l'ordre de ce qui existe étant en proportion avec l'ordre des idées, on peut conclure de l'une à l'autre et raisonner sur

---

[1] Lettres à Arnauld. *Existentia, est essentia rerum extra Deum.* L'existence de l'homme n'est pas une idée, mais un fait.

la sphère particulière qui surmonte le tombeau d'Archimède, comme sur l'idée générale de la sphère. Par un procédé qui lui est habituel, il transforme les vérités de fait, et de ce nombre sont les âmes, les corps, la nature entière, en tant que créée de Dieu. Avec la pensée et l'étendue il lui semble, comme à Descartes, bien plus qu'à Descartes, que tout cela nous est donné dans la nature même de la substance. Et il va parler des âmes et des corps comme de modes de la pensée et de l'étendue. En vain Leibniz lui fait remarquer que ce sont les pensées particulières qui sont les modes de l'esprit, bien loin que l'esprit soit le mode de la pensée, que l'étendue suppose des choses qui se répétent, bien loin qu'elle les produise. Spinoza oppose à l'ordre adopté par Dieu, et reproduit par la nature, l'ordre adopté par lui.

Dans quel but renverse-t-il ainsi toutes les lois de la nature, et fait-il à ce point violence aux choses? Ici j'ai besoin de rappeler et de mettre en présence le résultat final de la Théodicée de Spinoza et celui de la Théodicée de Leibniz : D'une part, un Dieu sourd, fatal, inexorable, qui tantôt nous apparaît comme l'indétermination de la pensée voisine du néant, tantôt comme le mécanisme logique de la nature à priori, sans égard aux choses ; de l'autre, au contraire, un Dieu bon, un Dieu sage, qui est le siége des vérités éternelles et la source des vérités de fait, dont l'intelligence est toujours une, toujours égale, toujours en acte, soit qu'elle porte au dehors des paroles de vie et qu'elle appelle les choses à l'existence, soit qu'elle reproduise éternellement au dedans les perfections de sa nature dans l'unité de sa substance.

Après cela, quand je dirai que tous deux cherchent dans les choses l'expression de la nature divine, on me comprendra, je pense, et l'on ne tombera pas dans l'erreur de ceux qui confondent leurs tendances. Tous deux, il est vrai, cherchent l'expression de Dieu dans les choses : mais l'un y cherche l'expression d'un Dieu intelligent et libre, l'autre celle d'un Dieu fatal et brut. L'un poursuit dans le monde la nécessité abstraite de la géométrie, l'autre la certitude réelle de la métaphysique, jointe à la morale. Pour chacun, le monde est un miroir, mais l'objet qu'il représente est différent.

Cette différence radicale va nous les montrer en opposition constante sur la question si grave des rapports de l'âme et du corps. Spinoza dit que l'âme et le corps sont la même chose, mais seulement exprimée de deux manières. De même que dans l'unité de la substance, nous avons vu l'étendue et la pensée se fondre et s'annuler comme différences pour demeurer comme principes élémentaires d'identité; de même dans l'unité relative de ces modes de la substance que nous sommes, le corps et l'âme ne sauraient se distinguer l'un de l'autre. La substance de tous deux est identiquement la même. Ce que le corps est en étendue, l'âme l'est en pensée. Car, le rapport de la nature corporelle à Dieu, pris comme substance étendue, est le même que le rapport de la nature spirituelle à Dieu pris comme substance pensante.

Ce parallélisme de l'une et de l'autre, dont nous avons démontré la fausseté en théodicée, amène Spinoza par une pente naturelle à déclarer, non plus seulement l'union, mais l'unité de l'âme et du corps.

Il raisonne ainsi : « Il y a nécessairement en

Dieu une idée, mais rien qu'une, de laquelle découlent une infinité de choses, dont les idées à leur tour doivent être contenues dans l'idée infinie de Dieu. Or, chaque objet a son idée : le cercle a la sienne, le corps humain également. L'âme est l'idée du corps ; le corps est l'objet de l'âme. Et, généralement, tout a son âme : car il y a nécessairement de toutes choses en Dieu une idée dont il est la cause. »

Les hommes et les choses s'objectivent par une *idée* qui prend un *corps*.

L'idée d'un corps en Dieu est une âme en nous.

Leibniz s'étonne de cette manière d'animer la nature : « Il n'y a pas d'apparence de raison, selon lui, à dire que l'âme est une idée ; les idées sont quelque chose de purement abstrait, comme les nombres et les figures, et ne peuvent agir. Ce sont des notions abstraites et universelles. L'idée d'un animal quelconque est une pure possibilité. L'âme n'est point une idée, mais la source d'innombrables idées. Elle a, outre l'idée présente, quelque chose d'actif ou la production de nouvelles idées. »

Ce n'est pas seulement l'activité qui manque à cette âme tout idéale et tout abstraite, que Leibniz compare fort bien à un nombre, c'est aussi la simplicité, l'identité, la spiritualité et l'immortalité. Quoi de plus complexe, en effet, que cette âme de Spinoza, qui est l'idée d'un corps, c'est-à-dire une idée composée d'une foule d'autres idées qui répondent aux innombrables parties du corps, et dont la trame plus mince et plus déliée sans doute n'est pas moins compliquée que celle des tissus de ce corps qu'elle exprime ?

Mais aussi, quoi de plus changeant ? « Suivant Spinoza, l'âme change à chaque moment, nous dit Leibniz, parce qu'aux changemens du corps correspond un changement dans son idée. » Et plus loin : « L'âme est pour lui tellement fugitive, qu'elle ne dure pas même dans la minute présente. »

Je ne m'étonne plus ensuite s'il fait des créatures autant de modifications passagères. En effet, une âme sans réelle unité, sans identité véritable, et tout à fait incapable de se suffire à elle-même, n'a rien de la substance et ne sau-

rait demèurer même dans la minute présente [1].

Mais une telle âme n'a pas davantage les caractères de la spiritualité. Je sais bien qu'elle
n'est pas corporelle, au sens où l'entend le vulgaire, puisqu'elle est l'idée d'une étendue qui
n'a de matériel que le nom. Oui, sans doute,
mais raffinez tant qu'il vous plaira. Idée d'étendue, elle est l'idée d'une chose passive ; idée
d'étendue, elle n'est pas l'idée de l'esprit ; idée
d'étendue, elle ne saurait exprimer Dieu ; idée
d'étendue, elle n'a d'être que celui qu'elle emprunte au corps dont elle est l'idée. Non-seulement elle y est attachée, mais elle en dépend ;
non-seulement elle lui est unie, mais elle lui est
identique. Que ce soit le corps, que ce soit elle

---

1 Dans le Spinozisme, il n'y a pas de substances individuelles,
parce qu'il n'y a pas d'individus véritables, et qu'il ne saurait y
avoir de principe d'individuation. Pour Spinoza, l'individu n'est
qu'une certaine union des parties, et non pas le fondement des
accidens de la substance. Or, les parties sont divisibles, parta-
geables, corruptibles. Donc, il n'y a pas de véritable individualité dans le corps. Quant à la figure, ce n'est pas davantage un
principe d'individuation dans le Spinozisme : car il en fait une
négation pure, c'est-à-dire tout ce qu'il y a de plus contraire à
la définition de la substance.

qui manque de réalité, peu importe, ils ne font qu'un.

L'immortalité que Spinoza laisse à cette âme ainsi dépouillée de force et de vie, n'est de même qu'une immortalité chimérique, un néant d'immortalité. Écoutons Leibniz : « Il est illusoire de dire que les âmes sont immortelles, parce que les idées sont éternelles, comme si l'on disait que l'âme d'un globe est éternelle, parce que l'idée du corps sphérique l'est en effet. L'âme n'est point une idée, mais la source d'innombrables idées. »

Spinoza dit : « Que l'âme humaine ne peut être entièrement détruite avec le corps, qu'il reste d'elle quelque chose qui est éternel, mais que cela n'a point de relation avec le temps ; car il n'attribue à l'âme de durée que pendant la durée du corps. » Dans le Scholie suivant, il ajoute : « Cette idée, qui exprime l'essence du corps sous le caractère de l'éternité, est un mode déterminé de la pensée qui se rapporte à l'essence de l'âme, et qui est nécessairement éternel. » Tout cela est illusoire, reprend Leibniz, qui voit très bien que c'est une ombre et non pas un être que Spinoza recouvre d'une trompeuse enveloppe d'immortalité.

Ce n'est rien dire que de dire : « Notre âme est éternelle en tant qu'elle enveloppe le corps sous l'apparence de l'éternité. Elle sera tout aussi bien éternelle, parce qu'elle comprend les vérités éternelles sur le triangle. »

Spinoza anéantit dans l'âme ce qui vit, ce qui se souvient, ce qui dure ; et il ne lui laisse pour tout horizon qu'un point de vue sur l'éternité du corps, en tant que la substance de Dieu l'enveloppe.

En faisant entrer dans la notion de l'âme je ne sais quelle idée d'une étendue sans limites, Spinoza croit rendre l'âme éternelle, infinie : il la fait égale au corps. Il obéit à cette pente fatale qui l'entraîne à identifier l'un et l'autre. Et, en effet, dans son système, il y a un enchaînement constant entre les âmes et les corps, entre la substance pensante et la substance corporelle.

Mais alors la conséquence est facile à tirer.

Si l'on prouve que le corps n'a pas de réalité, il suit de là que l'âme n'en a pas non plus : si la substance corporelle ne peut arriver à une individualité véritable par la **figure**, la substance pensante n'y saurait arriver non plus par la personne. Si la physique de l'immortalité se trouve fausse, la métaphysique de l'immortalité ne saurait être vraie.

C'est sans doute le plus grand danger du Spinozisme, celui qui dut donner le plus à réfléchir à Leibniz, que cette solidarité mutuelle du corps et de l'âme, soumis dans son système à un même destin. On prouvait autrefois que l'âme était l'unité, en réduisant la matière à zéro. On admirait cette belle économie des êtres ainsi réglés par la Providence, que les corps s'écoulent et que les esprits demeurent. On insistait sur cette impuissance de la matière à s'élever au-dessus de son néant d'origine. On relevait d'autant plus à ses propres yeux la dignité de l'être spirituel.

Spinoza change tout cela : il déclare qu'il y a dans l'étendue, dans la matière, un fonds substantiel, aussi bien que dans la pensée ; que si la réalité du corps est égale à zéro, la réalité de l'âme doit être en vertu de la loi de l'unité de substance rigoureusement égale à zéro.

Or, dans son système, la réalité du corps est égale à zéro.

Mais, se demande Leibniz, pourquoi Spinoza a-t-il échoué dans ses tentatives pour établir la réalité du corps?

Le voici : c'est qu'il a prétendu faire servir l'étendue toute seule à constituer le monde. Or, l'étendue toute seule n'explique rien, même quand il s'agit des substances corporelles. On aurait beau la modifier par le mouvement ou la déterminer par la figure, cela n'est point assez; il y faudrait de plus l'unité qu'elle ne donne pas. Sans nous arrêter à ces êtres infimes, comme les métaux et les pierres, qui, totalement privés de sentiment et de vie, ne paraissent en effet qu'une portion d'étendue et sont cependant déjà quelque chose de plus, parcourons, si vous le voulez, l'échelle entière des êtres, depuis les plantes jusqu'à l'homme, à mesure que l'on s'élève, comme l'unité devient plus réelle, l'impuissance de l'étendue devient plus grande jusqu'à ce qu'elle éclate dans les merveilles et l'organisation si délicate et si variée de l'homme et des animaux dont la vie dépasse, excède l'étendue, comme l'activité dépasse la passivité.

L'étendue est insuffisante à tout expliquer : mais si je puis le dire, elle l'est doublement dans le Spinozisme. En effet, Spinoza, comme on sait, en retranche la divisibilité ; or, c'est la divisibilité même de la matière qui, poussée comme il faut, nous dévoile les incomparables richesses de ce monde des infiniment petits que l'étendue enveloppe sans l'expliquer. La divisibilité est le véhicule qui porte à l'infini toutes les puissances de la nature en montrant dans chaque portion de matière le détail incalculable d'êtres, de forces et de vie qu'elle renferme sans le savoir. Elle communique à toute distance les moindres effets ; et les ondes de lumière, arrivant à notre œil avec la prodigieuse vitesse que nous savons, sont une des images qu'on pourrait appliquer à la propagation des effets naturels par l'étendue. En retranchant la divisibilité, Spinoza retranche donc à l'étendue sa qualité principale ; et il est bien certain que dans son système encore moins que dans celui de Descartes, l'étendue ne pourra rendre compte des plus belles propriétés que nous révèle la nature des corps ; surtout elle ne nous dira jamais s'il y a en eux quelque chose d'indestructible et d'ingénérable, un principe de vie. Elle ne fera jamais la physique de l'immortalité.

Il serait bon cependant de faire une telle physique, suivant Leibniz : cela fermerait la bouche aux matérialistes et l'on y pourrait arriver en poussant plus avant que n'a fait Spinoza. C'est ici qu'apparaissent pour la première fois les monades dont Leibniz indique, sans les développer, les plus fécondes applications, au corps, à l'âme, à la nature entière; applications merveilleuses, fournies par une physique et une géométrie supérieures, et qui ne laissent rien subsister de l'erreur fondamentale du Spinozisme, relative à la substance [1].

L'étendue suppose les corps. Les corps ne supposent-ils pas les esprits, se demande Leibniz ?

---

[1] Nous n'avons à nous occuper ici de la Monadologie que dans la mesure où Leibniz l'oppose à Spinoza. On peut voir à ce sujet les lettres à l'abbé Bourguet. On sait que Gœthe, d'abord admirateur passionné de l'Ethique, avait fini par se convertir à la Monadologie, exemple illustre de l'attrait et de l'empire exercé par le spiritualisme de Leibniz sur un des plus grands esprits du XIXe siècle, d'abord fasciné par le panthéisme.

Par elle-même l'étendue n'est rien, mais le corps n'est pas davantage. L'existence du monde extérieur, scientifiquement parlant, n'a rien d'effectif et de réel, tant que ne sera pas trouvée la loi qui préside à sa formation.

Considérez une ligne : cette ligne peut être regardée comme composée d'une infinité de points. Les points ne sont pas des parties de la ligne ; car la partie doit être homogène au tout, et le point n'est pas homogène à la ligne. De même on peut considérer le corps comme un aggrégé de substances ; mais ces substances ne constituent point les corps comme des parties, car elles ne lui sont pas homogènes.

Ce parallélisme de la ligne et du corps est poussé plus loin. De même qu'il n'y a aucune portion de la ligne dans laquelle il n'y ait des points à l'infini, de même il n'y a aucune portion de matière dans laquelle il n'y ait une infinité de substances.

La matière est donc composée d'une infinité de substances ; mais ces substances ne sont point ses parties, elles sont ses principes constitutifs, ses requisits immédiats.

Elles ne sont pas ses parties ; on ne saurait donc y arriver par la division de ses parties. Il y faut un calcul qui nous mène aux extrémités de la quantité, non pas à celles que la quantité renferme, mais à celles qui sont par delà la quantité même : à l'indivisible, à l'ingénérable, à l'indestructible.

De telles substances sont les principes constitutifs, les requisits immédiats de la matière : je les appelle monades.

Mais à ce degré d'abstraction les monades peuvent entrer dans un calcul comme infiniment petits, elles ne sauraient contenir un monde. Leibniz les organise : Chacune a une portion de matière qui lui est jointe, car naturellement il n'y a point d'âme sans corps animé, ni de corps animé sans organes. Chaque substance corporelle a donc une âme et un corps organique ; et il est très-vrai que c'est la même substance qui pense et qui a une masse étendue qui lui est jointe, mais point du tout que celle-ci la constitue, car on peut très-bien lui ôter tout cela sans que la substance en soit altérée. Le tort de Spinoza n'est donc pas de dire que l'âme exprime le corps, mais c'est de croire que l'âme n'exprime que cela. Ce n'est pas d'attacher une âme à chaque corps, mais c'est de l'identifier avec lui.

On ne saurait trop admirer l'art infini avec lequel Leibniz conduit sa théorie des monades, et la substitue à l'étendue pure de Spinoza. Avec de l'étendue, de la matière, Spinoza a voulu faire un monde, il n'en a composé que la masse informe : *Rudis indigestaque moles*. Prenez au contraire une substance simple avec le peu d'étendue qui lui revient comme dépendance, attachez-y la perception, déjà vous avez tout un monde dans ce point métaphysique ; car la perception nous représente dans l'unité le divisible et le matériel répandu dans une foule de corps. Variez les points de vue, multipliez les substances simples : quelle prodigieuse variété va naître aussitôt au sein de la masse étendue ! Que sera-ce si vous y attachez non plus la seule perception, mais la pensée ; quel monde nouveau, quelles infinités de mondes infinis !

Les caractères des monades nous sont donnés avec leur constitution ; elles sont indivisibles, indestructibles et ingénérables.

Forces impalpables qui soutiennent et vivi-
fient le monde, et qui le peuplent de leurs invi-
sibles multitudes, un calcul supérieur nous
révèle leur existence : un miracle de Dieu pourrait seul les anéantir. Dans l'ordre de la science,
elles sont donc possibles, et indestructibles dans
celui de la nature. La mort même qui, par ses
transitions soudaines, paraît nous ramener en
arrière, peut nous faire aller plus avant. Elle
laisse entière dans la nature la force de suivre
le cours de ses transformations, de faire ses re-
crues, et de garder jusque dans ses plus petites
parties de quoi revivre et de quoi s'étendre.
Que faut-il de plus pour que celle-ci soit indestructible?

Ainsi raisonne l'auteur de la Monadologie.

La conséquence principale que je veux tirer
de cette théorie des substances simples contre
Spinoza est celle-ci : la matière elle-même n'a
de réalité et de vie que par les monades, c'est-
à-dire par des substances immatérielles ; elle ne
saurait donc par elle seule rendre compte d'aucun des phénomènes de la vie animale, et à
plus forte raison elle ne saurait nous donner

aucune aide pour établir l'indestructibilité ou l'immortalité physique de ces mêmes substances.

Mais le pourrait-elle, Spinoza n'aurait encore rien fait : car il lui resterait à expliquer tout entière cette immortalité supérieure, qui ne convient qu'aux créatures raisonnables. Si Leibniz accorde l'indestructibilité aux substances corporelles, c'est qu'il réserve quelque chose de plus relevé pour les spirituelles. Chez lui, après la physique, vient la métaphysique et la morale de l'immortalité ; car enfin, qu'est-ce, après tout, que l'immortalité physique ou indestructibilité des êtres en tant que substance, sinon l'impossibilité du retour au néant, et rien de plus ? Mais les esprits requièrent autre chose : ils demandent la possibilité de monter à Dieu, qui constitue leur plus belle prérogative et fait le domaine propre de la philosophie. En philosophie, on juge un système par le prix qu'il attache aux âmes. Dans celui de Spinoza, que deviennent-elles ? Compagnes du corps, asservies à ses lois, dépouillées de qualités morales, dépossédées de leurs plus nobles priviléges, sans beauté ni laideur, sans vice ni vertu, elles croupissent dans l'inaction, et vont se perdre dans une éternité chimérique, où elles portent avec elles les infirmités de la vieillesse, et les symptômes de l'imbécilité, je veux dire : le défaut de conscience et celui de mémoire, que, suivant Spinoza, la mort leur enlève par un bienfait.

Pour Leibniz, au contraire, l'immortalité de l'âme enveloppe le souvenir et la connaissance de ce que nous sommes, c'est-à-dire la personne humaine. « Je pense, nous dit-il, contrairement à Spinoza, que toujours quelque imagination et quelque mémoire demeurent, et que sans elle, l'âme serait un pur néant. Il ne faut pas croire que la raison existe sans le sentiment ou sans une âme. Une raison, sans imagination ni mémoire, est une conséquence sans prémisses. »

Telle est, sur l'immortalité, la doctrine de nos deux philosophes ; leurs voies sont diverses, leurs mérites ne le sont pas moins. On ne voit pas, en effet, que Spinoza ait rien fait en philophie pour maintenir la prérogative des esprits et faire éclater leur excellence, prouvée par les préférences de Dieu et par les lois d'amour et de justice, que Leibniz maintient contre lui. On ne voit pas non plus qu'il ait rien fait pour étendre au-delà de la vie présente cette force de la pensée qu'il invoque, et cette raison dont Leibniz rétablit les titres et les priviléges niés, méconnus, abolis par le Spinozisme.

En opposition constante sur la nature de l'âme et du corps, et sur les lois qui régissent ces deux mondes, on a voulu du moins nous les montrer d'accord, sur celles qui les unissent. Leibniz, on le reconnaît, se sépare de Spinoza par les monades, mais il s'en rapproche par l'harmonie préétablie : on le croit du moins.

C'est un malentendu. L'harmonie préétablie n'étant qu'une suite de la théorie des monades, si la Monadologie a été spécialement dirigée contre le Spinozisme, ainsi qu'on l'accorde généralement, il est impossible que l'harmonie préalable, qui n'en est qu'une suite, soit la confirmation d'un système dont la Monadologie est le renversement.

La réfutation est sur ce point très explicite :

« Les hommes, dit Spinoza, se considèrent dans la nature comme un empire dans un empire : ils ont tort, »

« A mon avis, dit Leibniz, reprenant les expressions mêmes de Spinoza, chaque substance est un empire dans un empire, mais dans un juste concert avec tout le reste. »

A ces textes précis, irrécusables, que pourrait-on répondre? On veut que l'harmonie préétablie rappelle les deux ordres soi-disant proportionnels, mais réellement identiques de Spinoza, tandis que Leibniz, dans une réfutation de ce dernier, l'oppose résolument au Spinozisme, qui, suivant lui, n'explique pas l'accord ou communication des substances. Et, en effet, là où il n'y a qu'une substance, où peut être l'accord, l'harmonie, le nombre [1]?

Mais, admettons que cette différence radicale entre les deux systèmes ne soit pas suffisante.

[1] Le système de l'harmonie préétablie a été comparé, en Allemagne, par Mendelsshon et Jacobi; en France, par le seul éditeur et traducteur complet des œuvres de Spinoza, avec le système imaginé par ce dernier pour rendre compte de l'accord et de l'ensemble des êtres. Je réclame avec Lessing contre ce rapprochement forcé.

Allons plus avant, posons nettement la question :

Quel est le véritable sens de l'harmonie préétablie? En quoi peut-elle être rapprochée du système imaginé par Spinoza pour rendre compte de l'accord des êtres, pour expliquer l'union de l'âme et du corps?

L'harmonie préétablie est un système qui accorde aux êtres trop de spontanéité intérieure, et ne leur laisse pas assez d'influence au dehors. Il recourt, en dernier ressort, à la considération de l'infini comme au principe supérieur et réel d'harmonie.

Je ne reviendrai pas sur la question de spontanéité intérieure. C'est le caractère propre des monades. C'est afin de mieux l'établir que Leibniz pousse la réaction contre le Spinozisme jusqu'à l'invraisemblance et au paradoxe, qu'il va jusqu'à réhabiliter, sous le nom de ses monades, les formes substantielles des scolastiques, sans se soucier des clameurs que cela peut soulever dans le camp des Cartésiens. Sur ce point, un abîme sépare Spinoza de Leibniz.

Mais non-seulement Leibniz maintient la

spontanéité intérieure de chaque monade, il veut de plus que l'accord de ces monades entre elles soit également *spontané*, c'est-à-dire qu'il naisse du fond d'activité propre à chacune. Le principe interne des changemens de la monade est aussi un principe d'harmonie. Car c'est une concentration de l'univers en un, une représentation du divisible dans l'indivisible, la réalisation même des conditions de l'harmonie : l'unité dans la variété. Par la même force dont elle est douée pour agir, la monade est réglée : elle reçoit avec son efficacité propre des délinéations primitives et des limitations originelles conformes à sa nature d'être créé. La portion de matière qui lui est affectée comme élément de passivité la fait sympathiser avec l'Univers et l'empêche de se soustraire à l'ordre général. Une loi que ne viole jamais la nature et que l'on pourrait appeler l'art des transitions insensibles, la fait passer doucement d'un état à un autre et met de la continuité dans la série de ses opérations, en sorte que tout lui arrive avec ordre et que tout s'enchaîne dans ses états.

Assurément, un tel système respire la tendance à l'harmonie, et bien qu'il y ait une variété infinie, il y a de l'unité.

Au lieu de cette sorte d'accord spontané qui saisit l'âme et le corps, au lieu de cette richesse d'organisation qui, sans cesse ramenée sur elle-même comme un sang qui circule, se déploie et se tempère avec ordre, au lieu de ces limites salutaires qui nous rappellent notre dépendance, que trouvons-nous chez Spinoza ?

Deux ordres simultanés, nous dit-il, l'un d'actions et de passions des âmes, l'autre d'actions et de passions des corps [1]. C'est-à-dire, à première vue, le dualisme cartésien, qui consiste à mettre d'un côté la pensée et de l'autre l'étendue, à distinguer l'esprit et la matière.

Mais je ne ferai pas difficulté d'avouer que dans le système de Spinoza, ce dualisme n'est qu'apparent, et que de fait il le supprime. En effet, d'après la Prop. VII, p. 2, ces deux ordres simultanés ne sont que deux suites de la nature

1 Prop. XI, p. 3.

divine, qui au fond sont identiquement les mêmes, quoique exprimées de deux manières.

Chez Spinoza, il y a donc bien plus que l'accord, il y a l'unité de l'âme et du corps.

Mais ce n'est pas la seule différence. Cet accord de l'un et de l'autre est spontané chez Leibniz : leur union dans le Spinozisme est forcée. Chez Spinoza elle exclut la variété, chez Leibniz elle l'exprime. Le sentiment des limites naturelles à la créature, conservé par le second comme un principe de distinction, est méconnu par le premier, qui se jette dans le vague et l'illimité. Un mécanisme brut prend la place de cette organisation variée, qui atteste un si grand art. Spinoza efface les délinéations primitives, les traces d'ordre et de sagesse, et les remplace par des rouages, dont l'effet comme la cause est machinal.

Les monades de Leibniz ont le sentiment de l'harmonie, mais rien dans la substance unique de Spinoza ne peut expliquer pourquoi ses modes se succèdent.

On a voulu voir cependant chez Spinoza une sorte d'harmonie préétablie que je vais dire, et

qui tient à la grossière imagination que voici :
« Toute la chaîne des étendues forme un
seul individu appelé nature. Toute la chaîne
des pensées lui forme une âme qui s'appelle
l'âme du monde. Il y a donc un accord mutuel
des parties de l'étendue et des parties de l'entendement infini, les âmes et les corps. »[1]

Or, et c'est là sans doute la preuve la plus
convaincante, contre le rapprochement forcé
des deux systèmes, cette hypothèse est ruinée
de fond en comble par la plus simple application de la monadologie. En effet, ni les corps
ne sont pas que des parties de l'étendue, ni les
âmes ne sont pas que des parties de la pensée,
à moins que vous ne domptiez d'abord la résistance infinie de la multitude des monades que
Leibniz a partout semées pour être l'écueil du
Spinozisme. On peut bien localiser l'âme du
monde dans un entendement infini, quand on fait
des âmes les modes fugitifs de la pensée. Mais
les monades offrent une résistance indomptable
à cette violente assimilation.

---

[1] Voir Spinoza, trad. française, partie 2, Schol. du lemme VII.

L'harmonie préétablie qui développe dans les êtres la spontanéité du dedans, restreint, disons mieux, annule leur influence au dehors. C'est une suite de la notion que Leibniz a de la substance. Pour lui, chaque substance est si bien un être proprement dit, organisé comme dans un petit monde à part, avec le pouvoir de se suffire et de tirer de sa nature la suite de ses événements qu'il nie positivement, l'action d'une substance sur une autre. Une telle influence, nous dit-il, *physique ou réelle*, dans la rigueur des termes, outre qu'elle est inexplicable, est inutile. C'était l'erreur de son siècle, partagée par Descartes, de la croire inexplicable, mais c'est un trait propre au génie de Leibniz de la supposer inutile.

Au XVIIe siècle, par *influence physique*, on entendait quelque chose d'analogue à la transmission des espèces intentionnelles voiturées dans les sens, ou bien encore comme si un courant parti du corps fût venu traverser l'âme. A quoi Leibniz objecte avec esprit que ses monades n'ont point de fenêtres, qu'elles ne laissent rien entrer ni sortir.

Pour se passer d'une telle influence et la croire inutile, il fallait que Leibniz eût une foi bien robuste dans la virtualité de ses monades, ou qu'il eût bien peur de les laisser pénétrer par des influences étrangères.

Cette crainte, comme on le verra bientôt, n'était pas sans fondement.

Mais Spinoza, nous dit-on, pas plus que Leibniz, pas plus que le maître commun, Descartes, n'admettait cet influx physique d'une substance sur une autre.

Sans doute Spinoza n'admettait pas une telle influence, il ne pouvait pas l'admettre, mais il faut savoir pourquoi?

Le Spinozisme est un système qui prétend tout expliquer par l'action de Dieu. Spinoza comparait Dieu à un potier qui tient dans ses mains la boue dont il pétrit des vases, les uns pour la gloire et les autres pour l'infamie. Ces vases tout ouverts, qui laissent couler la liqueur vile ou précieuse dont Dieu les emplit, sont une belle image de ce que deviennent les âmes et les corps dans un système qui leur enlève toute action et n'en laisse qu'à Dieu seul.

Voici maintenant ce qu'il faut bien comprendre. Pour Spinoza, la puissance d'agir en Dieu, c'est l'étendue. Dieu agit, c'est-à-dire il s'étend, et son étendue répète indéfiniment son action suivant le cours interrompu des choses.

Les choses sont les modes de cette action, de même que les idées sont les modes de la pensée. Il n'y a que des modes pour exprimer l'action de Dieu, ce qu'on rend d'une manière triviale, mais vraie, en disant que c'est Dieu qui fait tout.

Mais alors, cet influx physique, rejeté tout à l'heure par Spinoza comme une incroyable grossièreté des scolastiques, quand il s'agit d'expliquer l'union de l'âme et du corps, Spinoza ne vient-il pas à son insu de l'attribuer à Dieu, agissant sur le monde? Qu'est-ce, en effet, que l'action de Dieu dans son système, si ce n'est une véritable influence physique de la divinité? Non-seulement cette action s'étend aux choses, mais elle s'étend dans les choses. Ce n'est pas seulement par l'efficacité de sa puissance qu'il agit : il y a transfusion de ses réalités dans la nature.

Le caractère propre d'une telle influence, c'est

que la substance perd nécessairement quelque chose d'elle-même, qu'elle s'altère en se communiquant. Elle quitte une forme, et en prend une autre. Elle change, disons mieux, elle se dénature.

Il le faut bien, puisque Spinoza fait entrer Dieu dans la nature des choses comme un élément, puisqu'il le fait influer sur elles physiquement avec une telle force, que toute autre influence devient superflue.

Cette influence physique de la divinité dans la nature est telle, suivant Spinoza, qu'il prétend expliquer par elle la connaissance que l'âme a de son corps et de tous les autres. Une âme qui perçoit un corps, c'est Dieu qui met dans l'âme la connaissance de ce corps. Malebranche y voyait une sorte d'opération divine, surnaturelle, presque miraculeuse. Spinoza y voit, au contraire, une opération divine, naturelle ou physique. Voici comment : Dieu entre dans la nature de l'âme par les idées : en tant qu'il la constitue et qu'il s'exprime par cette nature, il a des idées : donc l'âme perçoit [1].

[1] Coroll. Prop. XI et Prop. XII, XIII, p. 2.

Mais ce même Dieu, qui entre dans la nature de l'âme par les idées, pénètre la nature du corps par l'étendue. Il se fait sensible, il prend la forme corporelle, pour approcher de l'âme ce qu'il faut qu'elle perçoive de l'univers matériel ; il devient la matière de ses perceptions. Etant dans l'âme par la pensée, et dans le corps par l'étendue, Dieu est tout à la fois le sujet et l'objet de la connaissance, le miroir et l'image de l'Univers. Quand il y a perception du corps par l'âme, c'est le Dieu étendu qui se fait sensible au Dieu pensant qui est en nous. Ce sont les deux parties d'un même Dieu qui se rejoignent.

Cette persuasion où était Spinoza, que Dieu influe physiquement sur nos âmes et sur nos corps, lui donnait l'assurance qu'il y a dans les choses de l'ordre et de l'enchaînement. On voit même qu'il rêvait un ordre universel découlant des propriétés générales des choses, facilement explicable suivant les seules lois de la mécanique et de la géométrie. Il avait cru trouver dans les âmes et dans les corps d'égales traces d'une activité fatale et d'une nécessité mathématique. En faisant des premières les modes de la pensée, et des seconds les modes de l'étendue, il obéissait à cette tendance qui le portait à les identifier et qu'il prenait pour le moyen de les unir. Spinoza croyait arriver sûrement par la voie du panthéisme à la solution du problème de l'accord et de l'ensemble des êtres.

Spinoza se trompait : l'influence outrée de Dieu sur les choses ne vaut rien pour le monde. L'ordre et l'arrangement de l'Univers, ce qu'on appelle le Cosmos, ne saurait être produit par une série d'effets mécaniques fatalement enchaînés les uns aux autres. Le règne des causes efficientes ne suffit pas : il faut de plus celui des causes finales, ou la morale est détruite. Les instincts, les penchans, les désirs révèlent de hautes tendances, et ne sauraient ployer sous la force. A un corps agissant suivant les lois du mouvement, répond une âme agissant suivant les lois du bien, et à tout ordre physique un ordre moral correspondant. C'est précisément dans l'accord de ces deux règnes que consiste l'ordre et l'harmonie. Supprimer l'un des deux, comme fait Spinoza, c'est mutiler le monde et ne point résoudre le problème.

Leibniz le lui fait sentir en termes forts et mesurés dans la réfutation. Il ramène contre lui les règles de la bonté et de la perfection dans la nature des choses : Si la nature est pleine des effets de la puissance, elle ne l'est pas moins de ceux de la bonté de son auteur. L'opinion contraire détruit tout l'amour de Dieu et toute sa gloire.

On n'a pas toujours bien vu le caractère de cette critique pénétrante et subtile, qui, tout en ayant l'air d'accorder beaucoup au mécanisme et à la physique, finit par les résoudre dans la métaphysique, montrant que les principes mêmes de la mécanique corporelle sont concentrés dans les âmes et y prennent leur source, cherchant la loi du changement des êtres dans les raisons idéales qui ont dû déterminer l'auteur des choses, s'élevant enfin à un ordre de considérations supérieures où entre nécessairement l'infini.

Ceux qui ont cru découvrir des traces de Spinozisme dans l'harmonie préétablie, se sont donc trompés.

La considération de l'infini que Leibniz emploie

comme principe supérieur d'harmonie est un élément nouveau et qui lui appartient en propre. C'est une des applications de son calcul de l'infini à la nature. C'est l'élimination, par les monades, du mécanisme exclu du premier commencement des choses. Jamais Spinoza ne s'est élevé à de telles considérations. Il a employé la voie d'une influence physique de la divinité et le pouvoir de la nature. Il a mis l'action au-dessus ou en dehors des êtres, jamais au dedans. Il croyait régler une fois pour toutes l'empire des changemens, il n'a fait qu'étendre au-delà des bornes celui de la passivité.

Nous arrivons au bout de la réfutation de Spinoza par Leibniz, nous croyons n'avoir rien omis d'essentiel; plus de vingt propositions tirées de l'Ethique ont été analysées, censurées; c'est assurément plus qu'il ne faut pour que la réfutation soit complète, si le mot de Fénelon est vrai, que dès qu'on entame ce système par quelque endroit, on en rompt toute la prétendue chaîne.

Leibniz nous apprend dans la Théodicée [1]

---

[1] Théodicée, 3ᵉ p. p. 613.

qu'à son retour de France par l'Angleterre et la Hollande, il vit Spinoza et qu'il s'entretint avec lui. Ce voyage à La Haye, où résidait alors Spinoza, et les entretiens qui en ont été la suite, avaient échappé aux biographes de Spinoza et à ceux de Leibniz, excepté M. Guhrauer ; mais il faut avouer que Leibniz en parle dans sa Théodicée en des termes qui paraîtraient devoir ôter toute valeur à ce fait d'une entrevue des deux philosophes. Si la conversation avait pris et gardé le tour purement anecdotique que semble insinuer Leibniz, il n'y aurait pas lieu d'y attacher un grand prix; mais Leibniz n'a pas tout dit dans la Théodicée : Spinoza était, au XVIIe siècle, un philosophe compromettant, et c'était déjà pour beaucoup être suspect que de l'avoir visité.

Leibniz, toujours prudent, quelquefois même un peu diplomate, savait donner aux choses un tour fin auquel on se laisse prendre. « Je vis M. de la Court aussi bien que Spinoza : j'appris d'eux quelques bonnes anecdotes sur les affaires de ce temps-ci. » Mais si l'on croit que l'entretien ne fut qu'anecdotique et plaisant, on se trompe : Leibniz s'est chargé lui-même de nous apprendre qu'il fut aussi et surtout philosophique, par une confidence inattendue, extraite de quelques notes informes écrites de sa main, où il s'est montré plus explicite, et qui jettent quelque lumière sur l'histoire et le commerce de leurs philosophies.

« J'ay passé quelques heures après dîner avec Spinoza [1], il me dit qu'il avait esté porté, le jour des massacres de MM. de Witt, de sortir la nuit et d'afficher quelque part, proche du lieu (des massacres), un papier où il y aurait *ultimi barbarorum*. Mais son hôte luy avait fermé la maison pour l'empêcher de sortir, car il se serait exposé à être déchiré. »

« Spinoza ne voyait pas bien les défauts des règles du mouvement de M. Descartes, il fut surpris quand je commençai de lui montrer qu'elles violaient l'égalité de la cause et de l'effet. »

Ainsi, cette note nous montre Leibniz faisant toucher du doigt à Spinoza, qui a quelque peine

---

[1] Nous avons retrouvé cette note de la main de Leibniz parmi des papiers où on ne s'attendrait guère à la rencontrer. Elle est inédite, ainsi que le manuscrit que nous publions à la suite de ce mémoire.

à comprendre, le côté faible du Cartésianisme, sur un point où Leibniz l'avait déjà entamé. Mais alors, si Spinoza écrit plus tard : « Quant aux principes de M. Descartes, je les trouve absurdes, » il faut bien reconnaître que ce n'est pas de lui-même qu'il en a découvert la faiblesse, et que Leibniz y est du moins pour quelque chose.

Spinoza manquait de critique, et à défaut de la note manuscrite de Leibniz, ses œuvres nous en fourniraient la preuve. Dans ses principes, démontrés à la manière géométrique, il suit assez aveuglément Descartes, et il ne le comprend pas toujours. Notamment, il n'a jamais compris le *Cogito* : *ergo sum*. Dans ses lettres à Oldenburg, il veut le critiquer, et ce qu'il dit est misérable. Descartes s'est éloigné de la première cause et de l'origine de toutes choses. Il a ignoré la véritable nature humaine, il n'a pas saisi la véritable cause de l'erreur : Quoi de plus vague qu'une pareille critique ?

Plus tard, et mieux informé (en 1676), un an avant sa mort, trois ans après l'entretien avec Leibniz, dans une lettre à un inconnu, le ton change, Spinoza met le doigt sur la difficulté : « Vous pensez qu'il est difficile, en partant de la notion de l'étendue, telle que Descartes la conçoit, c'est-à-dire comme une masse en repos, de démontrer l'existence des corps. Pour moi, je ne dis pas seulement que cela est difficile, je dis que cela est impossible. » On le voit, Spinoza avait fait son profit des entretiens avec Leibniz.

Par malheur, il n'en a profité qu'à demi, et même à cette époque il est incertain et vacillant. Quand on l'interroge, il répond d'une manière évasive, et la mort le surprend annonçant à ses disciples et à ses admirateurs une physique gérale qu'il n'a point faite et l'explication de la vraie nature du mouvement qu'on chercherait vainement dans ses œuvres [1].

La question étant d'importance, nous tâcherons d'éclaircir ce point, resté fort obscur pour les derniers éditeurs de Spinoza.

Leibniz, qui s'est beaucoup occupé des côtés faibles du Cartésianisme, a montré qu'il n'avait

---

[1] Voir Lettres LXIII et LXIV.

pas suffisamment connu ce qu'il appelle les grandes lois du mouvement.

Mais ce qui est encore plus précis, et ce qui tombe en plein sur Spinoza, il a montré que l'erreur du Cartésianisme, sur ce point comme sur tous ceux qui intéressent le monde corporel, était d'avoir voulu tout expliquer par l'étendue.

Si ce reproche s'applique à Descartes, il s'adresse bien plus encore à Spinoza. Spinoza prétend recourir à la notion de l'étendue toute nue pour tout expliquer dans les corps. Le mouvement, qui est un mode de l'étendue, doit l'y aider. Et, en effet, il reproche très-fort à Descartes d'avoir mis la nature dans le repos. On conçoit fort bien qu'il lui faut du mouvement. Mais s'il lui faut un principe de mouvement, qu'il cherche dans l'étendue pour rendre compte des modifications de la matière, il lui faut aussi un principe conservateur de la même quantité de mouvement afin que le monde soit réglé d'une manière immuable, éternelle. Il emprunte donc aux Cartésiens, et non pas à Leibniz, comme on l'a cru à tort, la maxime que la même quantité de mouvement et de repos se conserve. Et, dans une lettre à Oldenburg, il s'en sert pour établir l'accord des parties de l'univers. D'autre part, il rejette le vide et les atomes.

Jusqu'ici, Spinoza ne fait qu'emprunter à Descartes, et déjà cependant l'altération du Cartésianisme est profonde.[1] En effet, quand Descartes propose son hypothèse des tourbillons, il prend comme accordées deux choses : la divisibilité et le mouvement de la matière. Comme la Genèse, il suppose une division initiale faite par Dieu lui-même au sein de la masse étendue. Spinoza, plus hardi que son maître, prétend s'en passer, il ne garde que le mouvement. A l'en croire, la divisibilité, aussi bien que l'idée du vide, naît d'une fausse manière de considérer la quantité. Qu'est-ce, en effet, que le vide, sinon la quantité séparée de la substance? et qu'est-ce que la divisibilité, sinon la quantité prise à part de la substance, d'une manière abstraite et superficielle? Si la divisibilité de la matière n'est qu'une faiblesse de l'esprit, il faut

---

[1] V. Sch. Prop. XV, p. 1. et Lett. 25 sur l'infini.

donc s'élever au-dessus du divisible, à l'indivisible, c'est-à-dire à l'idée de cet univers pris
comme un tout indivis et complet, sans distinction réelle. D'où il suit que la vraie science
consiste à effacer de plus en plus les distinctions
modales afin de revenir au fond commun et
identique : la substance ou la matière. Tel est le
point de départ de Spinoza.

J'ai déjà dit ce que pensait Leibniz de l'étendue
nue et indivisible de Spinoza, et de cette syn-
thèse chimérique de la matière. Les sciences
positives de nos jours y ont percé par des divi-
sions fécondes qui accusent mieux que tous les
raisonnemens des distinctions réelles au sein
de la masse étendue.

Mais, il y a plus : le mouvement lui-même que
Spinoza conserve lui échappe comme l'étendue
lui échappait naguère. Et, sur ce point encore,
les savantes analyses de Leibniz lui ôtent toute
ressource.

Spinoza veut tout expliquer mécaniquement,
et Leibniz pousse les explications mécaniques

---

[1] Dut. II, 1 p. 150.

encore plus loin que Descartes. Il prend cette matière première, cette passivité pure d'où Spinoza a voulu déduire les corps et leurs mouvemens, et il la montre impuissante non-seulement à commencer un mouvement nouveau, mais même à changer la direction du mouvement reçu : Il y faut tout expliquer mécaniquement, nous dit-il, car ce sont là des machines, et pour qu'il s'y produise un mouvement naturel, il y faut le tact. « Un corps n'est jamais mu naturellement que par un autre qui le pousse en le touchant. »

Spinoza doit être satisfait. Mais attendons la suite : de l'impuissance de la matière première à rien changer au mouvement, que conclut Leibniz? C'est que la matière ne suffit pas, et que le mouvement par lui-même ne suffit pas non plus à rien expliquer.

Analysez le mouvement, dit Leibniz, réduisez-le à ses élémens les plus simples. Qu'y trouverez-vous de réel? Si vous ne considérez que ce qu'il comprend précisément et formellement, c'est-à-dire un changement de place, sa réalité est bien petite, et cette notion a très certainement quelque chose d'imaginaire, et qui n'est pas entièrement fondé dans la nature des choses.

Pour en faire quelque chose de réel, il y faut de plus un détail de ce qui change et la force de changer, et en dernière analyse, la réalité du mouvement est dans un état momentané du corps, qui, ne pouvant pas contenir de mouvement (car le mouvement demande du temps), ne laisse pas de renfermer de la force, et qui consiste même dans la force faisant effort pour changer [1]. Le mouvement suppose donc la force, ou cause prochaine du changement. C'est elle qui a le plus de réalité : elle est fondée dans un sujet, par elle on peut connaître à qui le mouvement appartient.

Cette force est différente du mouvement : c'est elle qui se conserve égale dans le monde, et non pas le mouvement, comme le disent les Cartésiens, pour avoir considéré l'étendue, abstraction faite de la force.

La notion de la force manque à Spinoza :

[1] Dut. II, 1 p. 45.

s'il l'eût comprise, c'en était fait du Spinozisme, car il lui fallait renoncer à son système et accepter celui de son adversaire.

Mais, on sent que Spinoza ne pouvait pas davantage arriver aux véritables lois du mouvement, puisqu'il n'avait pas même la véritable notion du mouvement et qu'il manquait d'êtres susceptibles de ces lois. Nous avons vu Leibniz lui démontrer la fausseté de la plupart de celles inventées par Descartes : Spinoza, dans une lettre à Oldenburg [1], reconnaît que la sixième lui semble fausse; mais d'ailleurs il ne paraît pas avoir de vues d'ensemble à cet égard ; et, en somme, il suit assez aveuglément son maître.

Leibniz, en l'entreprenant sur ce sujet, avait évidemment pour but de détromper le Cartésien. Il ne savait pas qu'il renversait le Spinozisme encore à naître, et, cependant, il l'attaquait par la base.

« Spinoza ne voyait pas bien le défaut des règles du mouvement de M. Descartes, nous dit-il, il fut surpris quand je commençay de lui mon-

---

[1] Lettre XV, p. 441.

trer qu'elles violaient l'égalité de la cause et de l'effet. »

Spinoza voyait si peu le défaut de ces règles appliquées à l'univers matériel, que, suivant une pratique qui lui est familière, il les transporte en pleine métaphysique, et qu'il règle, d'après ces lois purement physiques, le développement de Dieu dans l'ordre de la pensée. On ne s'est pas encore avisé de cette incroyable et dernière transformation que Spinoza fait subir à la phyque cartésienne, appelée à de plus hauts emplois. Elle mérite quelque attention.

On se rappelle que Spinoza, en Théodicée, pressé de tous côtés par les difficultés qui l'assiégent au sujet de la création, se dégage par une transformation soudaine, inattendue du vieux principe matérialiste : « *Ex nihilo nihil,* » en un axiome évident par lui-même, se proclamant loi de la raison et s'imposant à titre de vérité éternelle.

Cette transformation n'était rien cependant au prix de celle que Spinoza préparait dans le premier livre de l'Ethique, et qu'il achève dans les suivans. Transformation radicale cette fois, et qui n'allait pas moins qu'à changer la face de la science. Car il s'agissait, pour écarter les difficultés sans cesse renaissantes de la métaphysique, d'emprunter à la physique cartésienne son principe et ses lois du mouvement qui règlent l'univers matériel, et de les transporter dans le monde des âmes, afin que, soumises aux mêmes lois, les âmes gardassent le même ordre que les corps.

De la sorte, Dieu qui fait tout dans les corps, faisant tout dans les âmes, il aurait bien fallu que tout marchât suivant ses lois, et qu'un accord forcé s'établît entre les modes de la pensée et les modes de l'étendue.

La physique cartésienne, il faut l'avouer, offrait de merveilleuses facilités pour une telle entreprise. On conçoit que cette idée d'une matière homogène partout également répandue, qui ne se diversifie dans les corps que par le mouvement, idée qui fait le fondement de la physique de Descartes, ait séduit Spinoza. Un monde nous est donné d'une simplicité admirable, qui n'a besoin pour être diversifié de mille manières que des seules lois du mouvement. Pour le conserver, Dieu n'a qu'à y maintenir toujours une égale quantité de mouvement et un même rapport du mouvement au repos.

Cette manière d'ordonner l'empire passif de la matière, suivant les lois générales et immuables de la géométrie, devait plaire au génie de Spinoza. Et, en effet, nous voyons dans une lettre à Oldenburg qu'il accepte pleinement et même aveuglément la loi de Descartes.

Mais, pour lui, cette loi même n'est qu'un cas particulier d'une loi infiniment plus générale et qui s'applique, non-seulement aux corps, mais aux esprits. La loi de Descartes : « que la même quantité de mouvement et de repos se conserve dans le monde, » devient à ses yeux un axiome très clair et très vrai, même en métaphysique.

Descartes avait dit : « C'est Dieu seul qui peut conserver dans le monde le même rapport du mouvement au repos. »

Spinoza dit : « C'est Dieu seul qui peut conserver dans le monde le même rapport de la pensée à l'étendue, de l'esprit à la matière, du corps à l'âme. »

Cette loi est une règle universelle, vraie pour les âmes comme elle l'est pour les corps : c'est la première loi de la physique générale, imaginée par Spinoza.

Descartes a bien vu que Dieu est indifférent aux déterminations de l'étendue, à savoir le mouvement et le repos, ce qui fait qu'il les conserve effectivement dans le même rapport.

Mais Descartes n'a point vu que Dieu n'est pas moins indifférent aux déterminations de la pensée, à savoir l'entendement et la volonté, et que le rapport est le même [1].

Cela ne peut être autrement, car il entre dans la constitution de la substance de Dieu la même quantité de pensée et d'étendue.

Il est donc naturel que les modes de la substance, aussi bien les esprits que les corps, gardent le même rapport.

C'est ce que Spinoza exprime ainsi : « La pensée ne peut concevoir plus que la nature ne peut fournir. »

---

[1] Eth. I, Prop. XXXII, Corol. La volonté et l'intelligence sont dans le même rapport avec la nature de Dieu que le mouvement et le repos. Cf. p. 5, Prop. XXXIX.

« La nature rend en étendue ce qu'elle rend en pensée. »

« Le rapport de la pensée à l'étendue, ou de l'étendue à la pensée, ne varie pas dans le monde. »

Cette loi générale comprend tous les cas.

Comme étendue, le monde se règle par la loi de Descartes : « Dieu conserve la même quantité de mouvement et de repos. »

Comme pensée, il se règle par la loi de Spinoza : « Dieu conserve le même rapport de l'intelligence à la volonté. »

L'intelligence et la volonté sont le mouvement et le repos des esprits : Elles ont besoin, pour exister et pour agir d'une certaine façon, que Dieu les y détermine, absolument comme les corps pour se mouvoir et rester en repos.

On aurait peine à croire que Spinoza ait poussé si loin cette grossière application de la physique cartésienne, s'il n'avait pris soin lui-même de lever tous les doutes et de multiplier les preuves. Il ne se contente pas, en effet, de prendre à Descartes la première de ses lois du mouvement, n° 30 de ses principes, il lui prend aussi la suivante, n° 37, que Descartes exprime ainsi : « Chaque chose, autant qu'il est en elle, persévère toujours dans le même état ; » loi très belle et incontestable, dit Leibniz, que Galilée, Gassendi et bien d'autres ont observée.

Seulement, ce dont ni Galilée, ni Gassendi, ni Descartes ne se fussent avisés, Spinoza la transporte de même en métaphysique et l'applique à la volonté, qu'il définit l'effort de chaque chose pour persévérer dans son être. Et comme la volonté n'est rien de distinct, suivant lui [1], des volitions particulières par lesquelles on affirme ou l'on nie quelque chose, il l'applique aux affirmations et aux négations. Ainsi, l'affirmation n'est que l'effort de la raison pour persévérer dans son être, c'est-à-dire pour conserver ses idées. Enfin, comme la volonté et l'entendement sont une seule et même chose, c'est-à-dire des déterminations de la pensée, de même que le mouvement et le repos sont des détermina-

[1] Prop. XLVIII et XLIX, p. 2.

tions de l'étendue, cette loi s'applique à l'entendement comme à la volonté.

Mais cette loi, observée par Descartes dans l'univers matériel, n'est que la loi de l'inertie naturelle des corps. Suivant Descartes, les corps reçoivent une force pour résister aussi bien que pour agir. L'une et l'autre sont l'effet de la volonté divine qui investit la matière passive d'un pouvoir de résistance. Suivant Spinoza, il y a une inertie naturelle des âmes aussi bien que des corps. Et la loi de Descartes n'est pas moins applicable aux unes qu'aux autres [1].

On pourrait suivre plus loin ces étonnans rapports. La physique du mouvement, imaginée par Descartes, a deux parties. Nous n'avons indiqué que quelques emprunts faits à la première par Spinoza. Ce n'est pas ici le lieu de suivre son maître dans les détails des règles inventées pour la communication du mouvement des corps, il suffira de dire que les points de contact ne sont pas moins évidens. Spinoza rend

---

1 P. 3, Prop. VII, VIII et IX. Voir aussi p. 1, Prop. XXXI et XXXII, et p. 2, Prop. XLVIII, XLIX.

compte des changements dans les âmes, comme
s'il s'agissait de choc et de rejaillissement, de
vitesse ou de tardivité. L'homme qui se croit libre, nous l'avons vu, est soumis à l'impulsion
des causes extérieures, comme la pierre du che-
min qui reçoit un choc et qui se meut. Je ne
m'étonne plus, après cela, qu'il entreprenne de
déduire la série des pensées de celle des mouvemens corporels qui lui correspondent. Je ne
m'étonne plus de la manière dont il définit
les mots : d'*agir* et de *pâtir* [1].

Les actions sont les mouvemens dont nous
sommes causes, et les passions ceux que nous
subissons. Tout cela se communique dans des
proportions déterminées : la variété des déterminations n'empêche pas que la quantité d'activité ou de passivité dans les âmes reste toujours égale. Ces déterminations mêmes s'effec-
tuent suivant les lois de la physique cartésienne.

La physique cartésienne tend à renouveler la

---

[1] Eth. Déf. II et Prop ; I, p. 3.

médecine : Pourquoi ne renouvellerait-elle pas la morale ?

La loi de l'égale quantité de mouvement et de repos appliquée au corps en détermine l'équilibre ou la santé.

Cette même loi, appliquée aux âmes, en détermine aussi l'équilibre ou la santé. Il n'est pas plus en notre pouvoir de nous procurer celle de l'esprit que celle du corps [1].

Toutes deux dépendent des lois mécaniques observées par Descartes [2].

Spinoza triomphe d'avoir découvert cette nouvelle application des lois de la physique aux esprits : « Les anciens, nous dit-il, n'ont jamais que je sache, conçu comme nous l'avons fait ici, l'âme agissant selon des lois déterminées [3]. »

L'énoncé de ces lois et leurs applications remplissent tout le second livre de l'Ethique, et presque en entier les trois autres.

La Proposition VII de la 2ᵉ partie énonce le principe en termes exprès : « L'ordre et la con-

---

[1] Tract. polit. C. II, p. 271.

[2] De Emend. Intel., p. 361.

[3] De Emend. Intel., p. 383.

nexion des idées est identique à l'ordre et à la connexion des choses. » C'est cette même pensée qui soutient les démonstrations des Propositions IX, X, et XII. La XIIIᵉ, jointe à la VIIᵉ, contient le principe de l'identité de l'âme et du corps, d'où suit bien clairement cette conséquence que les lois du corps sont applicables aux esprits. Les XIV, XV, XIX, XXI y renvoient. Toute la Théorie de la volonté, Part. I, Prop. XXXI et XXXII, Part. II, Prop. XLVIII et XLIX s'y rapporte. Le mécanisme des passions est expliqué suivant ce principe [1]. C'est sur lui que reposent les deux tiers de l'Ethique.

Ce n'est donc pas un rapport fortuit et sans conséquence que celui que nous signalons ici entre les lois du mouvement des corps observée par Descartes, et les lois régulatrices du mouvement des âmes appliquées par Spinoza.

Spinoza a transporté en pleine connaissance de cause les lois des corps aux esprits.

C'est une des entreprises les plus insensées,

---

[1] Voir p. 3, Prop. VI, VII, VIII, et surtout la Proposition XI.

mais les plus violentes de la physique sur la métaphysique. Et je ne m'étonne plus que Spinoza
ait été surpris, quand Leibniz, dans les entretiens de La Haye, entreprit de lui démontrer
que la physique cartésienne était fausse. Il avait
passé sa vie à l'étendre aux âmes.

Nous n'avons pas l'intention de suivre Leibniz, essayant de montrer à Spinoza la fausseté
de ses règles. Nous avons plus haut rappelé l'essentiel, mais on ne saurait trop insister sur ce
qu'il y a de piquant et d'imprévu dans cet entretien des deux philosophes et surtout dans le
choix du sujet : Leibniz venant visiter Spinoza
dans sa chambre d'auberge, et passant à point
nommé par La Haye pour lui apprendre qu'on
peut aller plus loin que Descartes en physique :
Spinoza, étonné, surpris, par la venue de son
hôte, mais encore bien plus par le sans gêne
avec lequel il retouche et il corrige les lois
du mouvement de M. Descartes : Leibniz insis-
tant et essayant de lui démontrer qu'elles vio-
lent l'égalité de la cause et de l'effet.

Ce principe que Leibniz met en avant étonne
Spinoza; on le conçoit sans peine. A première

vue, on n'en saisit pas l'à-propos, et l'on se demande ce que Leibniz veut dire. Ses lettres à
l'Hôpital nous l'apprennent : « C'est le fondement de ma Dynamique, lui écrit-il. » En effet,
sur ce principe, Leibniz élève une science où
l'étendue n'est rien, où la force est tout.

Mais c'est aussi le renversement de la physique de Spinoza : et par là Leibniz, conversant
avec lui, a quelque chose de l'ironie de So-
crate s'entretenant avec Parménide. Qu'est-ce,
en effet, que ce principe nouveau que Leibniz
oppose aux Cartésiens et au plus déçu de tous,
à Spinoza. C'est un principe qui n'a rien de cette
nécessité métaphysique que Spinoza cherche
partout. Leibniz, au contraire, nous l'annonce
d'un air modeste, comme une règle qu'il s'est
faite faute de mieux, en attendant. C'est, dit-il,
une maxime subalterne, une loi conforme à la
sagesse de Dieu et fournie par l'observation de
la nature. Par exemple, elle convient bien aux
lois du mouvement : elle y est mieux appropriée
que les principes nécessaires rêvés par Spinoza.
Si elle exclut la nécessité, elle a de la convenance. Il s'en faut de beaucoup en effet qu'on

trouve dans les lois du mouvement cette nécessité géométrique que Spinoza cherche en tout et
partout. Et c'est précisément parce que ces lois
ne sont ni tout à fait nécessaires, ni entièrement
arbitraires, qu'elles révèlent la perfection de leur
auteur. Si elles dépendaient du hasard, on y
chercherait vainement la sagesse ; mais si elles
dépendaient de la nécessité, où serait la bonté ?
Dieu, infiniment bon et infiniment sage, les
fait dépendre du principe de la convenance
ou du meilleur, qu'il ne viole jamais, et de
celui de la continuité que ne viole jamais la
nature.

Mais, je le sais, de tels principes devaient faire
sourire Spinoza de pitié, et, si devant Leibniz,
il ne fut que surpris, c'est assurément par poli-
tesse envers son hôte. Ouvrez l'Éthique, vous y
verrez quelle estime il fait de ces principes d'ordre, de beauté, d'harmonie et de sagesse que
Leibniz veut réhabiliter. Spinoza les traite de
préjugés, et veut les déraciner à tout prix parce
qu'il les croit contraires à la véritable méthode
de philosopher. Leibniz a beau les lui exposer,
et lui faire pressentir quelques-unes de leurs

plus heureuses applications. Spinoza ne comprend pas.

Plus tard, après la mort de Spinoza, Leibniz reçoit l'Éthique, et il s'étonne à son tour. « L'Éthique, dit-il, en fermant le livre, cet ouvrage, si plein de manquemens, que je m'étonne. » Evidemment, Leibniz attendait mieux. Et il appliquerait volontiers à l'auteur le mot d'un ancien : « *Oleum perdidit.* »

Pour Leibniz, l'Éthique est un ouvrage manqué, et rien de plus.

Il resterait cependant quelque chose à désirer dans la réfutation de Spinoza par Leibniz, s'il s'était contenté d'analyser une à une les propositions de son livre, sans caractériser l'ensemble de la doctrine qu'il attaque.

Mais la réfutation est complète, et après les détails, elle nous donne aussi le jugement sur l'ensemble.

Ce jugement, sous forme de paradoxe, est renfermé dans une parole que je crois sévère pour Descartes, mais vraie pour Spinoza. Et, comme nous n'avons à nous occuper ici que du côté par où elle se trouve vraie, nous la citerons avec une entière confiance : « Spinoza, dit Leibniz, a commencé par où a fini Descartes, par le naturalisme : *in naturalismo*. »

Au XVIIe siècle, le naturalisme c'est le matérialisme. Mais il faut bien s'entendre sur le sens du mot *matière* et du mot *nature*.

La matière n'est pas pour Spinoza je ne sais quel être corporel immense qui se nourrit du sang de la masse, bien qu'il ait dit quelque part que nous vivons dans le tout comme des petits vers qui vivraient dans le sang. La nature n'est pas non plus une telle masse corporelle. « Par nature, dit Spinoza, j'entends une infinité d'êtres. » Et ailleurs, il ajoute : « L'être infini que nous appelons Dieu, ou Nature [1]. »

La matière est l'étendue de Dieu, la nature est la puissance de Dieu.

Le naturalisme ou le matérialisme de Spinoza, c'est donc de voir dans les choses le développement nécessaire de Dieu.

La nature est toujours la même : partout elle est une, partout elle a même vertu et même puis-

[1] Eth. IV, Præf. p. 162.

sance. Elle ne connaît ni langueur ni défaillance, et quant à cette pensée du vulgaire qu'elle peut manquer son ouvrage et produire des choses imparfaites, elle doit être mise au nombre des chimères. Éternellement employée à fournir à la pensée sa matière, elle rend incessamment en étendue ce qu'elle rend en pensée, et par un jeu de son mécanisme, elle fait incessamment la balance de l'esprit et de la matière, sans permettre jamais à celui-là de surpasser celle-ci [1].

Que vient-on parler après cela de désordre ou de manquement dans ses opérations? Elle opère sur Dieu même, elle distille dans le monde les propriétés de sa substance, les perfections de son être très parfait. Et comme il entre la même quantité de pensée et d'étendue dans la substance de Dieu, ses mélanges et ses combinai-

---

[1] Si Dieu n'existait pas, la pensée pourrait concevoir plus que la nature ne saurait fournir. (De intell. Emend. 431), et (dans la Lettre 45) : que la puissance de penser ne se porte pas à penser avec plus de force que la puissance de la nature ne se porte à exister et à agir, c'est un axiome très clair et très vrai, d'où suit très réellement l'existence de Dieu comme produit de son idée.

sons rendent toujours la même quantité de l'une et de l'autre.

La nature est (qu'on me passe l'image moins grossière que la pensée), la nature est le rendement de Dieu en esprits et en corps. Le monde pense et il s'étend d'un égal accroissement d'étendue et de pensée. Les corps, tout aussi bien que les âmes, expriment sa puissance. Et même la science de l'esprit humain dépend de celle de son objet, qui est le corps. La série des pensées peut être déduite de celle des mouvemens corporels. Ce sont les corps qui nous fournissent l'élément de généralité nécessaire pour expliquer les notions universelles. Ils réfléchissent un maximum d'images au-delà duquel l'esprit s'embrouille et se jette dans le vague de ces notions. L'âme a des connaissances adéquates d'autant plus étendues, que son corps a plus de points communs avec les corps extérieurs. Et l'esprit s'accroît d'autant plus, que sa surface extérieure, appelée corps, est plus ample.

Non-seulement chez Spinoza, le naturalisme ainsi compris est une doctrine. C'est une mé-

thode. Quand Spinoza a dit : « Il est dans la nature de la chose d'être ainsi, » il a tout dit.
Quand il met l'étendue en Dieu, il se fait à lui-
même l'objection qu'elle est imparfaite. Qu'importe, répond-il, puisqu'il est dans sa nature
d'être ainsi, et dans celle de Dieu d'être étendu ?
Ailleurs, et c'est là l'exemple le plus curieux de
l'application de cette méthode, quand il s'agit
d'expliquer les passions, les vices et les folies
des hommes, il prend son lecteur à partie, il
nous le montre étonné, stupéfait, qu'il les veuille
déduire à la manière des géomètres, suivant un
principe de développement nécessaire qui n'est
autre que la nature. « Mais qu'y faire, répond-il,
d'un ton voisin de la raillerie, cette méthode est
la mienne.... Les lois et les règles de la nature
suivant lesquelles toutes choses naissent et se
transforment sont partout et toujours les mêmes, et en conséquence on doit expliquer toutes
choses quelles qu'elles soient, par une seule et
même méthode, je veux dire *par les règles universelles de la nature.* [1] »

---

[1] Préf. de la 3ᵉ partie. Trad. fr.

Mais du moins, Spinoza en a-t-il profondément interrogé les lois, en comprend-il l'organisme vivant, animé, en pressent-il la grandeur et l'infinie variété.

Sans doute Spinoza la croit féconde. Trop sec et trop abstrait pour se passionner à la vue des spectacles qu'elle lui offre, elle a du moins pour lui l'attrait d'une science et la beauté d'un problème. Il y a même certains passages de l'Éthique où le goût des recherches naturelles l'emporte sur la ligne et le compas. Alors Spinoza indique en passant les merveilles du monde des corps : il parle des capacités latentes de la matière, qui sont pour l'observateur attentif une raison de croire la puissance des corps incomparablement plus grande que nous ne pensons ; il fait même allusion à ces facultés mystérieuses du corps, agissant dans l'état de sommeil ou de somnambulisme [1] par les seules lois de la na-

[1] Personne n'a déterminé ce dont le corps est capable, dit Spinoza, Eth., p. 3, Sch. Prop. II. Et il ne faut pas s'en étonner, puisque personne encore n'a connu assez profondément l'économie du corps humain pour être en état d'en expliquer toutes les fonctions : je ne parle pas de ces merveilles qu'on observe dans

ture, de manière à être un objet d'étonnement pour l'âme qui lui est jointe.

Du monde des corps, il passe au monde des esprits, et il nous montre, par une analogie qui lui est familière, l'entendement lui-même se faisant ses instrumens par une force de nature [1], et la volonté qui n'est que l'inertie naturelle des corps transportée dans les âmes, les faisant persévérer dans leur état, conformément à une loi de la physique.

Dans un autre passage de l'Éthique, il emploiera même des images matérielles qu'on ne s'attend guères à trouver sous la plume du géomètre, pour rendre sensible ce que la raison toute seule ne saurait faire concevoir. La nature prend les proportions colossales d'un individu composé de tous les corps comme de ses parties, que rien n'entrave dans son développement, et qui contient dans son vaste sein tous les changemens, sans rien perdre de son im-

les animaux et qui surpassent de beaucoup la sagacité des hommes, ni de ces actions des somnambules qu'ils n'oseraient répéter dans la veille. Trad. fr.

[1] Intellectus sibi facit instrumenta vi nativâ.

mutabilité[1]. Des infinités d'infinis, nous dit-il, découlent de la nature de la substance comme ses propriétés et l'inépuisable richesse de ses formes est telle, qu'elle les revêt toutes successivement. Il y a en elle un fond matériel qui suffit à toutes ses transformations. Et comme l'ordre de la naure ne saurait souffrir de création et ne comporte que des générations, tout s'y engendre suivant la loi du progrès à l'infini. Ainsi se compose la grande face de l'univers, à laquelle est jointe une sorte d'âme du monde également infinie.

Je ne releverai pas ce que cette image contient de périls et d'erreur. Mais, en vérité, Spinoza croit-il que pour expliquer l'organisation et la vie dans la nature, il suffit de revenir à l'âme du monde des stoïciens, et de déclarer le progrès à l'infini. L'âme du monde! le progrès à l'infini! Deux grands mots vides de sens, dont Leibniz n'est pas la dupe. Et, en effet, qu'est-ce que cette âme du monde dans le système de Spinoza? d'où vient-elle? comment en pourra-

_____
[1] Eth., p. 2, Prop. XIII, Lemma 7, Schol. Ep. 65, p. 593.

t-il rendre compte? Excès d'idéalisme, ou matérialisme extrême, des deux côtés l'erreur est égale. Si c'est une pure abstraction, une idée, comme on l'a soutenu, quoi de moins réel et de plus insuffisant pour être la source de toutes les âmes, et le canal de l'infini? Ne sera-ce pas d'ailleurs le plus actif dissolvant des corps, une manière de faire évanouir l'univers en fluide, de repomper la substance des êtres? Si c'est au contraire une sorte d'émanation ou de courant physique de la nature naturante, quel naturalisme et quelle dégradation de l'infini! En vain l'on dit: c'est la forme infinie de l'éternelle matière. Cela veut dire: qu'il y a une matière préexistante qui revêt successivement toutes les formes. Et c'est un Cartésien, un partisan des explications mécaniques qui, dans un jargon barbare, parle de nature naturante et ramène le fléau de l'*animisme* dont son maître Descartes avait purgé la science!

La fiction d'un progrès à l'infini, sans cesse invoquée par Spinoza, ne fait que reculer les origines des choses, dont l'existence est ainsi rattachée à une série infinie de causes qui ne permettent de s'arrêter nulle part. C'est un nouvel essai pour faire évanouir la limite des êtres finis, briser les liens de l'individualité qui s'écoule et absorber le particulier dans le général. Les individus ne sont plus qu'une certaine union des parties. Les espèces, dépouillées de leurs différences, vont se réduire aux divers ordres d'infinis que comporte la nature. L'âme du monde et l'individu Nature remplissent toute la scène, et ce n'est qu'en passant par la série de ses déchéances que l'Infini traverse les phases de son développement.

Jamais donc mot plus juste que celui de Leibniz ne fut appliqué à Spinoza : « Il a commencé dans le naturalisme. » Mais Leibniz ajoute : « Dans le naturalisme où a fini Descartes. » Et il faut montrer en terminant comment cette seconde partie de la phrase peut être adoucie et recevoir un sens vrai.

Quand Descartes se passionne pour l'anatomie et les recherches naturelles, il obéit à cette tendance de son génie qui ouvre des voies et des directions en tous sens. On ne se douterait guère que c'est précisément la physique cartésienne

qui égare Spinoza. Et cependant rien n'est plus
vrai, nous l'avons montré pour les lois du mouvement que, par une tentative insensée, mais
hardie, Spinoza transporte en métaphysique.
Si l'on se demande qu'elle est l'idée fondamentale de la physique cartésienne, c'est de tout expliquer mécaniquement. Jamais entreprise ne
fut plus légitime dans la sphère où Descartes
s'est renfermé. Les anciens avaient multiplié
les intelligences célestes et les forces animales
pour soutenir et vivifier le monde. Descartes
chasse au tombeau toutes ces larves de l'ancienne physique : et il nous montre des lois où
nous voyions des phantômes. Pressé d'en finir
comme tous les réformateurs, il sacrifie un peu
trop vite aux mânes de la physique qu'il ren-
verse toutes les races d'animaux que produit le
globe.

Spinoza se passionne à son tour pour la physique cartésienne. Il prend à Descartes cette
idée d'une matière homogène, qui réduit tout à
l'état moléculaire et à la passivité pure. Il
pousse cette élimination de l'activité à ses conséquences extrêmes. Déjà il fait appel à ce qu'il

nommera, dans une lettre à Oldenburg, d'un mot superbe qu'on dirait emprunté à Newton : les principes mécaniques de la philosophie, « *Principia philosophiæ mechanica.* »

Je ne crains pas de dire que l'Éthique de Spinoza n'est qu'une application de ces principes de la mécanique à la morale.

Une phrase peu connue de Descartes pourrait faire croire que c'est de Descartes lui-même que Spinoza tient l'idée fondamentale de l'Éthique.

« Ces vérités de la physique, écrit-il, sont le fondement d'une Éthique supérieure. [1] »

Quand de telles pensées d'un tel maître tombent entre les mains d'un disciple intrépide, elles peuvent mener loin : l'Éthique de Spinoza en est la preuve.

Le jugement de Leibniz, sauf sa partialité connue contre Descartes, mérite donc de devenir historique.

On peut appliquer à la philosophie tombant des mains de Descartes dans celles de Spinoza,

---

[1] Ep. I, 38, p. 86, Physicæ hæ veritates fundamentum, altissimæ et perfectissimæ Ethicæ.

ce que disait un auteur de la chirurgie de son temps. « *Delapsa est in manibus mechanicorum inter quos primus Rogerus.* » Elle est tombée dans les mains des mécaniciens dont le chef est Spinoza.

Le Spinozisme est la fausse application des principes mécaniques ou de la physique cartésienne à la morale.

La Monadologie, au contraire, est la réaction puissante de la métaphysique contre la physique et le mécanisme de Descartes, outrés par Spinoza. C'est la pensée qu'on opprime et qui se venge sur l'étendue.

Cette conclusion générale en renferme bien d'autres. Il suffira de rappeler les principales et de les classer en deux ordres, suivant qu'elles se rapportent à Spinoza ou à Leibniz.

1° Dans la première partie de l'Éthique, Spinoza cherche à démontrer l'unité de substance, d'où suit l'impossibilité de la création.

Il reconnaît en Dieu deux attributs : la pensée et l'étendue. Mais, en vertu de la nature de la substance, il est forcé de les identifier tous deux, bien qu'hétérogènes.

Son Dieu pense sans comprendre et agit sans vouloir, en vertu de l'indétermination de sa nature. Il n'a donc ni volonté, ni intelligence, ni bonté, ni sagesse.

Conséquent à cette doctrine, Spinoza déduit le monde de la nécessité et écarte les idées du beau, du bien, de l'ordre et de l'harmonie de cette déduction fatale.

2° Dans la seconde partie de l'Éthique et suivantes :

Spinoza, après avoir déduit le monde, en règle ainsi le mécanisme :

Il n'y a qu'une substance unique des âmes qui sous des formes infiniment variées souffre ou agit dans l'humanité : voilà l'unité de substance, base de la morale.

Il n'y a qu'une substance unique des corps dont tous les phénomènes de la nature ne sont que des combinaisons et des états différens : voilà l'unité de substance, base de la physique.

En vertu de ce principe, Spinoza identifie l'esprit et le corps comme il avait identifié la pensée et l'étendue.

Il supprime de fait les individus dont il avait d'abord supprimé les notions.

Il confond les espèces, dont il ne reconnaît ni les ordres particuliers, ni les différences.

Il se trompe sur les lois du mouvement, qui ne s'expliquent pas sans les causes finales.

Il met l'infini actuel dans la nature, et revient à la doctrine stoïcienne de l'âme du monde.

A ces erreurs si graves dans l'ordre de la logique, répondent des erreurs analogues en morale.

Spinoza supprime les individus, par là il arrive à nier l'identité de la personne humaine, et ne lui laisse qu'une immortalité dérisoire.

Il confond les espèces, et en même temps il est amené à nier les idées d'ordre, d'harmonie, de connexion graduelle, à détruire la morale elle-même.

Ses erreurs, sur les lois du mouvement, régulatrices de l'univers matériel, se reproduisent dans le monde intellectuel et moral, en vertu de la fausse application qu'il en fait aux esprits.

Il réduit le bien et le mal à n'être que des

rapports analogues à ceux du mouvement au repos.

Il ramène toutes les passions à une seule idée, comme tous les métaux à un type commun.

Le résultat de sa physique, en partant de la matière homogène propre à tout, est de nier l'activité des corps.

Le résultat de sa morale, en partant de la pensée universelle, indifférente à tout, est de nier l'activité des âmes.

La caractéristique de l'ensemble est le naturalisme, ou fausse application de la physique à la morale.

Quant à Leibniz :

1° En Théodicée, il reproche à Spinoza de n'avoir pas suffisamment défini la substance, et de n'avoir fait que des essais pitoyables ou inintelligibles de démonstrations pour en prouver l'unité.

Il montre, par de savantes analyses, que Dieu ne renfermant pas l'étendue, on ne doit pas chercher l'origine des choses dans la matière ou étendue.

Il rétablit contre Spinoza l'intelligence et la

volonté de Dieu; il montre sa sagesse et sa bonté dans l'ordre même de la création ou plan du monde, nié et méconnu par ce dernier.

2° Dans l'ordre la création :

Il maintient la distinction de l'esprit et du corps, comme il avait maintenu celle de la pensée et de l'étendue, il fait ressortir la supériorité de la première.

Il rétablit la réalité des êtres en la rattachant à l'idée ontologique de la monade ou substance simple, douée d'activité propre.

Il nous montre ainsi dans les notions individuelles distinctes des notions spécifiques, tout un monde inconnu à Spinoza, sans connexion nécessaire avec Dieu, mais capable d'être le support de tous les accidens, et le fondement de tous les phénomènes, et exprimant à sa manière la substance infinie.

Il prend le grand exemple des lois du mouvement pour montrer l'utilité des causes finales bannies par Spinoza, et l'impossibilité de rien expliquer par l'étendue seule.

Il n'admet qu'un seul infini réel, à savoir Dieu, et ne voit dans les différens ordres d'infinis relatifs constatés dans la nature que des raisons idéales sans réalité dans les choses.

En morale, il s'efforce toujours de relier à l'idée ontologique de la monade l'indépendance et la liberté individuelle.

En physique, il réagit avec force contre la matière homogène et l'étendue pure, et il rattache le mouvement et la vie des créatures à l'indivisibilité, et à l'indestructibilité des formes substantielles éliminées par Descartes et Spinoza.

La caractéristique de sa théorie de la substance est la force faisant effort pour agir.

Les ressemblances entrevues entre deux systèmes, dont l'un a pour but unique de renverser l'autre, tombent devant ces conclusions précises.

Ni les fulgurations du Dieu de Leibniz ne sont identiques aux modifications de la substance de Spinoza.

Ni l'orientation des monades se tournant vers leur pôle dans la doctrine Leibnitienne n'est l'équivalent de la liberté pétrifiée du Spinozisme.

Ni l'automate de Leibniz doué d'intelligence

et de spontanéité, n'est comparable à celui de Spinoza[1].

L'harmonie préétablie elle-même, nous l'avons vu, bien qu'inadmissible, s'efforce de maintenir deux règnes que confond Spinoza.

Enfin, de l'optimisme au fatalisme, il y a tout l'abîme qui sépare un Dieu libre dans son choix, réalisant des possibles, d'un Dieu fatal, produisant le nécessaire.

Les deux mondes imaginés par ces deux

---

[1] Ces mots d'automate spirituel qui se rencontrent chez Leibniz se retrouvent chez Spinoza; ils viennent de Descartes. (*De Passionibus*, art. 16.) On aurait dû s'en souvenir avant d'ajouter un chapitre de plus aux étonnans rapports de Leibniz avec Spinoza. Leibniz et Spinoza empruntent tous deux à Descartes son idée de l'homme-machine, de l'homme-automate; seulement Spinoza ne la reçoit sans doute que de seconde main et par la filière des Cartésiens de Hollande; comme il ne sait pas le grec, il emploie le mot de confiance sans lui demander d'où il vient, ni ce qu'il veut dire, et il le défigure. MM. Paulus, Gfrœrer et Saisset ont cru que le texte du *de Emendat. intellectus*, où il se trouve, portait *automatum spirituale*. Leibniz, plus exact que les éditeurs mêmes, restitue la vraie leçon du texte original, celle de l'édition princeps de 1677, faite d'après les manuscrits de Spinoza qui porte en oules lettres, p. 384, le barbarisme étrange : *automa* pour *automatum*. Il a voulu dire : *automate*, reprend Leibniz, qui lui vient en aide. Toujours est-il qu'il a écrit : *automa*. Ce qui est absurde et prouve à quel point la pensée et l'expression de D. scartes, le fond comme la forme, pouvaient s'altérer en passant par le canal d'un juif hollandais. (Voir le manuscrit, p. 61)

hommes reproduisent, comme deux miroirs, l'expression si diverse du Dieu qu'ils enseignent.

Il resterait à poursuivre dans la religion les applications si diverses de leurs doctrines, et à montrer les rapports de leur philosophie avec la théologie. On verrait Spinoza, proclamant le divorce des deux sciences, éconduire l'une avec ces honneurs dérisoires que l'on rend à ceux que l'on enterre [1]. Leibniz, au contraire, relevant avec respect les destinées de la théologie, montrer ses conformités éclatantes avec la philosophie, et conclure sa réfutation en ces termes :

« La philosophie et la théologie sont deux vérités qui s'accordent : le vrai ne peut être ennemi du vrai, et si la théologie contredisait la vraie philosophie, elle serait fausse. On dit que plus grand sera le désaccord de la philosophie et de la théologie, d'autant moindre sera le danger que la théologie soit suspecte. C'est tout le

---

[1] Entre la Théologie et la Philosophie, il n'y a aucun commerce, aucune affinité. Tract. Théol., pol. præf., p. 150, Paul. 14, p. 165.

contraire. En vertu de l'accord du vrai avec le vrai, sera suspecte toute théologie qui contredit la raison. »

« Voyez les philosophes averroïstes du XVI⁰ siècle, qui prétendaient qu'il y a deux vérités. Ils sont tombés il y a long-temps. Ils ont soulevé contre eux les philosophes chrétiens, toujours là pour montrer l'accord de la philosophie et de la théologie. »

NOTICE

SUR LE

DE RECONDITA

HEBRÆORUM PHILOSOPHIA

De WACHTER.

La bibliothèque de Hanover, dont le directeur, a bien voulu faciliter mes recherches, possède dans ses archives un manuscrit de Leibniz, intitulé : *Animadversiones ad Joh. Georg. Wachteri librum de recondita Hebræorum philosophia.*

Cette critique inédite, entièrement de la main de Leibniz, renferme une réfutation de Spinoza par Leibniz. On pourrait s'étonner de la trouver dans une liasse qui porte le nom de Wachter, si l'on ne savait que celui-ci, philosophe et théologien, très accusé dans son temps de Spinozisme et assez versé dans la Kabbale, a justement entrepris de comparer la Kabbale et Spinoza, et d'en démontrer les ressemblances dans un livre intitulé : *De Recondita Hebræorum philosophia ou Elucidarius Kabbalisticus.*

Le livre de Wachter a pour but, comme le titre l'indique, de dévoiler la philosophie secrète des Hébreux, et surtout de déterminer la part de légitime influence que peut revendiquer la Kabbale sur le plus douteux de ses adeptes, Benedict de Spinoza.

Si l'on en croit Wachter, cette part est immense. La Kabbale portait déjà dans ses flancs tout le panthéisme de Spinoza.

L'auteur d'un livre estimé sur la Kabbale, M. Frank, a déjà fait ressortir l'invraisemblance de ce mythe imaginé par Wachter, et d'après lequel l'ennemi de la tradition n'aurait fait que suivre la philosophie traditionnelle des auteurs de sa nation. Suivant M. Frank, l'influence prépondérante du Cartésianisme a effacé toutes les traces kabbalistiques, et suffit à tout expliquer.

Leibniz me paraît prendre un milieu entre ces deux opinions si nettement tranchées. Après avoir, dans sa lettre à l'abbé Nicaise, de 1697, parlé des semences de Cartésianisme cultivées par Spinoza; plus tard, et mieux informé, il ne peut s'empêcher de reconnaître dans sa Théodicée, que Spinoza était versé dans la Kabbale des auteurs de sa nation, et il le mêle à une tradition toute kabbalistique que Spinoza, en effet, paraît avoir suivie.

Je pencherais en faveur de l'opinion de **Leibniz**.

L'œuvre de Spinoza, sous une apparence de rigueur scientifique, est loin d'être une œuvre homogène. Sa Théodicée porte partout le souvenir de rêveries embarrassées sur Dieu et la production du monde, dont la physique cartésienne n'a pu le dégager complétement. Et l'on conçoit fort bien que cet accouplement du Cartésianisme et de la Kabbale dans un cerveau vigoureux, mais difforme, ait produit l'Éthique.

Qu'il me soit permis, en terminant cette courte notice, de rendre un hommage mérité au gouvernement de Hanover qui, révérant dans Leibniz le maître de Sophie Charlotte, et le conseiller d'Ernest Auguste, entoure d'une sorte de vénération la mémoire de ce grand philosophe, et qui a élevé un monument digne de Phidias à ce digne émule de Platon.

REMARQUES CRITIQUES

DE

LEIBNIZ

D'APRÈS LE MANUSCRIT ORIGINAL

DE LA

BIBLIOTHÈQUE DE HANOVRE.

LEIBNITII ANIMADVERSIONES

EX AUTHOGRAPHO

BIBLIOTHECÆ REGIÆ HANOVERANÆ.

In præfatione ait Christianos primitivos ab Hebræis philosophiam accepisse, sed a Platonicis potius
accepere, a quibus ipsi Judæi, ut Philo.

Antiquissimam Hebræorum philosophiam sectatus
est Benedictus de Spinosa e gente Lusitana Judæus
nostro autoris judicio cui si credimus, Spinosa divi-
nitatem Christi universæ religionis agnovit. Sed mi-
ror quomodo hoc dici possit, cum autor agnoscat
Christi resurrectionem a Spinosa negatam.

Quidam Augustinus (J. P. Specth. vid. Ep. Spen.)

REMARQUES CRITIQUES DE LEIBNIZ

D'APRÈS LE MANUSCRIT ORIGINAL

DE LA BIBLIOTHÈQUE ROYALE DE HANOVRE,

L'auteur dit dans la préface que les premiers Chrétiens ont reçu la philosophie des Hébreux, mais c'est plutôt des Platoniciens, dont la tiennent les Juifs eux-mêmes, comme Philon.

De l'avis de notre auteur, c'est l'antique philosophie des Hébreux qu'a suivie Benedict de Spinosa, juif de race portugaise, et, si nous l'en croyons, Spinosa a reconnu la divinité de la religion du Christ toute entière ; mais je m'étonne que l'auteur puisse dire cela après avoir confessé que Spinosa a nié la résurrection du Christ.

Un certain Augustin (J.-P. Speeth, voy. Lett. de

diu apud Knorrium [1] Solisbaci egerat, sed pertæsus
credo suæ conditionis, Judæus factus, Mosem se Ger-
manum [2] vocabat. Contra eum scripserat autor librum dictum : Die vergötterte Welt : cum in hominem
Amstelodami incidisset, ibi Spinosam et Mosem
hunc impugnat et Cabbalam Hebræorum simul,
quod ex mundo faciat Deum. Sed postea visus est
sibi rem rectius agnovisse. Nunc ergo Hebræorum
Cabbalam et Spinosam tuetur, ostenditque Deum et
mundum ab ipsis distingui : Sed in eo parum satis-
facit. Nam Deus his est velut substantia, creatura
velut accidens Dei. Budæus in Obs. peculiari Halensi
scripserat defensionem Cabbalæ Hebræorum contra
autores quosdam modernos. Idem argumentum trac-
tavit in introductione ad Historiam philosophiæ He-

[1] Christian. Knorrius de Rosenroth, autor libri qui inscribitur : « Kab-
bala denudata seu doctrina Hebræorum transcendentalis, etc. Solisb. 1677,
in-4°. » Leibnitio notus qui eum Solisbaci invisum ivit et cum eo de variis
Hebræorum et Cabalistarum pro Christo testimoniis, et imprimis de libro
inedito cui titulus est : Messias puer : non semel collocutus est. Vid.
Leibnitii, Ep. ad Job. Ludolf.

[2] Joh Pet. Speeth. ex Augustana confessione in judaïsmum præceps
cognomine Moses Germanus epistolicum commercium habuit cum Wach-
tero religionis causa.

Spener) vivait depuis longtemps à Sulzbach auprès de Knorr [1], mais il se dégoûta de son sort, se fit juif et prit le nom de Moses Germanus [2]. L'auteur, qui avait rencontré notre homme à Amsterdam, écrivit contre lui un livre appelé : le monde déifié : il y attaque Spinosa et ce Mosès, et aussi la Kabbale des Hébreux, parce qu'elle confond Dieu avec le monde. Dans la suite, il se crut mieux renseigné. Maintenant donc il défend la Kabbale des Hébreux et Spinosa, et cherche à prouver que Dieu et le monde ne sont pas confondus par eux : mais en cela, il ne satisfait guère.

Pour eux, en effet, Dieu est comme la substance, et la créature comme l'accident de Dieu. Buddeus (dans l'Observ. spécial de Halle) avait écrit une défense de la Kabbale des Hébreux contre quelques

[1] Christian Knorr, baron de Rosenroth, auteur du livre intitulé : La Kabbale dévoilée, ou la Doctrine transcendentale des Hébreux, etc.; Sulzb., 1677, in-4°. Leibniz le connaissait, il alla le visiter lors de son passage à Sulzbach, et s'entretint avec lui de divers témoignages des Hébreux et des Kabbalistes en faveur du Christ, et surtout d'un livre inédit qui a pour titre : Le Messie Enfant. (V. Lett. de Leib. à Job Ludolf.)

[2] Jean-Pierre Speeth, membre de la confession d'Augsbourg, embrassa le Judaïsme, prit le surnom de Moses Germanus, et entretint avec Wachter un commerce de lettres qui avaient la religion pour objet.

bræorum, ibi autoris librum. doctius impugnavit.
Autor nunc et se ipsum corrigit et domino Budæo
respondet. Consensum Cabbalæ cum Spinosa im-
pugnatum tuetur, sed Spinosam nunc excusat quem
tunc impugnaverat.

Cabbala duplex, realis et literalis, hæc est Gematria (hæc transponit literas et syllabas facitque ex
dictione aliam dictionem aut alterius dictionis com-
putum) Notariaca quæ ex singulis literis præsertim
initialibus novas dictiones condit Themura quæ est
quædam stenographia et totius alphabeti commu-
tatio.

Multi prius decernunt quam cognoscunt : Knorrium ait autor non tam Cabbalam seu philosophiam occultam Hebræorum quam inania assu-
menta denudasse : Sed Knorrius dedit utrumque ut
invenit, bonum et malum.

Vetus traditio [1] : Transgressio Adæ fuit truncatio

[1] Theod. p. 612.

auteurs modernes. Il a traité le même sujet dans l'introduction à l'histoire de la philosophie des Hébreux, où il attaquait avec plus de science le livre de l'auteur. L'auteur se corrige maintenant lui-même et répond à M. Buddeus. Il défend l'accord de la Kabbale avec Spinosa, qu'on avait attaqué, mais il justifie maintenant Spinosa, qu'il attaquait alors

La Kabbale est de deux sortes, réelle et littérale : celle-ci se nomme Gematria (elle transpose les lettres et les syllabes, et fait d'un mot un autre mot ou le chiffre d'un autre mot) ; on appelle Notariacon celle qui avec chaque lettre, surtout avec les initiales, forme de nouvelles locutions. La Themure est une espèce de sténographie et un changement de tout l'alphabet.

Bien des gens jugent sans connaître. L'auteur prétend que Knorr n'a pas dévoilé la vraie Kabbale ou philosophie secrète des Hébreux, mais seulement des formules vides. Knorr a tout donné comme il le trouvait, le bien et le mal.

Ancienne tradition [1] : Le péché d'Adam fut le

1 Voir Théodicée, p. 612.

Malcuth a cæteris plantis : Malcuth nempe seu
regnum est ultima Sephirarum significatque omnia
Dei imperio irresistibiliter regi, sic ut homines pu-
tent se suam sequi voluntatem, dum exequuntur divinam, Adamum autem sibi libertatem independentem tribuisse et lapsu didicisse sese non per se stare,
sed à Deo per Messiam rursus erigendum esse : Ita
ramificationem Sephirarum Adamus fastigio trun-
cavit. Cabala à Kebel, id est, accipiendo, tra-
ditione.

Apud Claudium Berigardum in Circulo Pisano,
XX, p. 130–131. Origenes et alii ex gnosticis patri-
bus, imo etiam Hieronymus videntur asserere decep-
tionem legislatoribus non minus quam medicis esse
licitam. Disciplina Arcani apud Ægyptios quam se-
vera Pythagoras probavit, qui vix Amasis regis au-
toritate cui a Polycrate commendatus fuerat à Dios-
politis admissus est: Ipse non minus silentii se-
verus exactor. Et Plato dixit autorem universi in
vulgus prædicare nefas. Et alibi: de Deo ænigmatice

retranchement de Malcuth des autres plantes. Malcuth ou le règne, la dernière des Séphires, signifie
que Dieu gouverne tout irrésistiblement, mais doucement et sans violence, en sorte que l'homme croit
suivre sa volonté, pendant qu'il exécute celle de
Dieu. Ils disent qu'Adam s'était attribué une liberté
indépendante, mais que sa chute lui avait appris
qu'il ne pouvait point subsister par lui-même, mais
qu'il avait besoin d'être relevé de la main de Dieu par
le Messie. Ainsi, Adam a retranché la cime de l'arbre des Sephires. Kabbale vient de Kebel, c'est-à-
dire un dépôt, la Tradition.

Suivant Claude Beauregard, dans le Circulus Pisa-
nus, XX, p. 130-134, Origène et quelques autres
Peres Gnostiques, Jérôme lui-même, ont l'air de dire
que la tromperie n'est pas moins permise aux légis-
lateurs qu'aux médecins. Pythagore a pu se convain-
cre par lui-même combien était sévère, chez les
Egyptiens, la discipline du secret, puisque, malgré
l'autorité du roi Amasis, à qui l'avait recommandé
Polycrates, il eut de la peine à être admis par les
prêtres de Thèbes. Lui-même ne fut pas un maître

loquendum ut literæ periclitantes ab aliis legantur quidem, sed non intelligantur. (Vide Gassendium, Contra Aristoteleos.) De Academiis, Aug. (lib. 3, contra Academ) sententias tantum aperuisse eis qui secum usque ad senectutem vixissent. Quin apud Clementem. Strom. 5, ipsi Epicurei dicebant quædam apud se esse non omnibus legenda. Itaque Cartesius ad Reg., part. 1, Ep. 89, Injuriam facis nostræ philosophiæ si eam nolentibus ostendas, imo si communices aliis quam enixe rogantibus.

Burnetus in Archæologiâ[1] de Cabalistis eorum philosophiam huc redire quod primum ens seul Aensoph in se contineat omnia eademque sit semper entitatis

---

[1] Thomas Burnetus, ut opinor, autor Archæologiæ philosophicæ doct. ant. de rerum originibus. Lond. 1692.

du silence, moins rigoureux. Platon a dit que c'était profaner l'auteur de l'univers que de le prêcher en public. Et dans un autre endroit : qu'il fallait parler de Dieu par énigmes, afin que les caractères qui se pourraient perdre fussent lus par d'autres, mais sans en être compris. (V. Gassendi, contre les aristoteliciens.) Au sujet des Académies, Saint Augustin dit (liv. 3, contre les Académiciens) : qu'ils ne découvraient leurs pensées qu'à ceux de leurs disciples qui étaient restés auprès d'eux jusqu'à la vieillesse. Suivant Clément d'Alex, Stromate, 5, les Epicuriens eux-mêmes disaient qu'il y avait chez eux certaines choses que tous ne pouvaient pas lire. Et Descartes (Lettre 89, à Régis, part. 1) : « Tu fais tort à notre philosophie, si tu la fais connaître à ceux qui ne s'en soucient pas, où même si tu la communiques à d'autres que ceux qui la demandent avec instance. »

Burnet, dans son Archéologie, au sujet des Kabbalistes, ramène leur philosophie à ceci : que le premier être, ou Ensoph, contient toutes choses en lui-même, qu'il y a toujours dans l'univers la même quantité d'être, que le monde est une émanation de

quantitas in universo, mundum esse emanationem
ex Deo, hinc verba fieri de vacuis, vasis, vasculis,
canalibus per quos radii decurrunt, radiis retractis
res perire et resorberi in Deum.

Pseudo-Cabalam[1] putant quidam nudius tertius
a R. Loriensi aut Irira inventam. Tatianus Dominum
mundi esse universorum substantiam, Deum esse
ὑπόστασιν τοῦ παντός. Henrici Mori Theses Cabalisticæ: Ex nihilo nihil fieri : nullam esse in rerum uni-
versitate materiam, Cabalistarum proprium dogma
est. Omnem substantiam esse spiritum, hoc illi intelligunt de spiritu divino secundum nostrum autorem
secus quam Morus. At noster statuit Mundum vel
Mundos esse naturæ divinæ necessarium et immanantem effectum, huîc jam autem rei immanantem
et emanantem, cum illa singularissime unum esse

---

[1] Isaacus Loria Cabbalæ recentioris inventor. Irira, gente Hispanus,
Loriam ferè secutus est.

Dieu. C'est pour cela qu'il y est question des choses vides, comme vases, petits vaisseaux et conduits à travers lesquels circulent les rayons ; aussitôt qu'ils se retirent, les choses meurent et sont de nouveau absorbées en Dieu.

Quelques-uns pensent que la fausse Kabbale est une invention d'hier que l'on doit à Loria ou à Irira [1]. Tatien croit que le maître du monde est la substance universelle, que Dieu est l'hypostase du tout. — Thèses Kabbalistiques d'Henri Morus : « On ne tire rien de rien : point de matière dans l'ensemble des choses, dogme propre au Kabbalistes.

La thèse, que toute substance est esprit, n'a pas, chez les Kabbalistes, le sens que lui donne H. Morus ; mais notre auteur établit que le monde ou les mondes sont un effet nécessaire et immanent de la nature divine ; qu'il y a tout à la fois immanence et émanation, et que le monde ne fait qu'un avec Dieu d'une unité singulière, comme la chose et le mode

[1] Isaac Loria, inventeur de la nouvelle Kabbale. Irira, rabbin espagnol, disciple du premier.

quomodo omnes concipiunt rem et modum rei a parte rei non distingui. Hæc male.

Universum posse dici Deum, utpote manifestatum. In iis quæ de mundo divino, unde mundus hic emanando profluxit, philosophantur Cabalistæ, adeo aperta est Trinitatis confessio ut facile subscribam verbis viri docti. Obs. Hall., tom 2, ob. 5–16, n. 3. Christianos ab Hebræis Trinitatem accepisse. Sed autoris judicio, Picus Mirandulanus erravit, cum in tribus Sephiris supremis arboris Cabalisticæ Triadem collocavit, quem alli secuti, et audacissime ille qui, Tom. 1, obs. sel. 1, n. 11, quod per illa nomina Kether, Binah, Chochmah, Coronæ Sapientiæ et Prudentiæ tres personæ indiscriminatim adhibentur ex ipsa Cabalistarum explicatione esse manifestum. Sed sciendum est numerationes seu Sephiras longe esse infra Ensoph in quo Trias. Infra Ensoph est Adam Cadmon, id est tota Sephirarum, luminum, nume-

de la chose, *a parte rei*, que tout le monde sait n'ê-
tre pas distincts.

« Je blâme tout ceci. »

Suivant la Kabbale, on peut dire que l'univers est
Dieu, en tant qu'il se manifeste. Dans les opinions
philosophiques de la Kabbale, sur le monde divin
d'où notre monde visible s'est écoulé par émanation
la reconnaissance de la Trinité, dit-il, est tellement
expresse que je souscris volontiers aux paroles d'un
homme docte (Obs. de Halle, t. ii, ob. 5-16, n° 3),
suivant lequel c'est des Hébreux que les chrétiens
ont reçu la Trinité. Mais de l'avis de l'auteur, Pic
de la Mirandole s'est trompé quand il a placé la
Triade dans les trois Sephires supérieures de l'arbre
kabbalistique; et parmi ceux qui l'ont suivi, nul ne
l'a fait avec plus de hardiesse que celui dont j'ai
parlé. Car (tom. i, obs. choisie, 1, n° 11), il soutient que d'après les explications mêmes des Kabbalistes, par ces noms de Kether, Binah, Chochmah,
c'est-à-dire la couronne, la sagesse et la prudence,
on entend les trois personnes de la Trinité. Or, il
faut savoir que les Numérations ou les Sephires

rationum et Æonum complexio, non est unigenitus sed primogenitus.

Tatianus in oratione ad Græcos se professus Barbaricæ (id est Hebraicæ) philosophiæ sectatorem : In ipso universorum domino per potentiam verbi tum ipse, tum verbum quod in eo erat (verbum internum) extitit. Cum autem voluit iste, verbum ex ejus simplicitate prosiliit, non inaniter prolatum, sed primogenitum opus spiritus ejus (en verbum externum). Hoc scimus esse principium hujus mundi (Adam Cadmon, primogenitus) natum autem est per divisionem non per avulsionem ; quod enim avellitur a primo separatur, quod vero dividitur id functione donatum propria nihil imminuit illum a quo vim suam sumpsit. Hæc Tatianus ubi verba tantum Ebræa Ensoph et Adam Cadmon desunt neque ideo Tatianus Arrii prælusor. Arrius factus est hæreticus primogenitum negando, vel primogenitum cum unigenito confundendo. Bullus in defensione Synodi

sont bien inférieures à l'Ensoph, qui renferme la Triade. Au-dessous de l'Ensoph est Adam Cadmon, c'est-à-dire tout le cercle entier des Sephires, des Lumières, des Numérations et des Æons. Il n'est pas l'unique, mais le premier engendré.

Tatien, dans son *Discours aux Grecs*, fait profession de suivre la philosophie des Barbares, c'est-à-dire des Hébreux. « Dans le maître de l'univers, dit-il, par la puissance du Verbe, tant lui que le Verbe qui était en lui (le Verbe intérieur) a existé. Quand il l'a voulu, un Verbe s'est élancé de sa simplicité ; ce n'a pas été un Verbe vainement proféré, mais le premier engendré des ouvrages de son esprit (un Verbe extérieur). Ce Verbe, nous savons qu'il est le principe de ce monde (Adam Cadmon, le premier engendré). Il est né par division, et non par avulsion. Ce qui est arraché est séparé de sa tige ; mais ce qui est divisé est doué d'une fonction propre, et ne saurait jamais être une diminution de ce dont il a pris sa force. » Voilà les paroles de Tatien ; il n'y manque que les mots hébreux Ensoph et Adam Cadmon. Mais Tatien n'est pas pour cela le précur-

Nicænæ ostendit (sect. 3. cap. 5) scriptores catho-
licos synodo Nicæna antiquiores, filio Dei nativitatem dare quandam quæ aliquando cœperit, et
mundi creationem antecesserit. Citat Athenagoram,
Tatianum, Theophilum Antiochenum, Hippolytum
et Novatianum, de quibus ordine agit et tandem,
cap. 9, ostendit etiam recentiores aliquos τοῦ λόγου
ex patre ad condendum mundum processionem seu
συγκατάβασιν agnovisse idque ex sermonibus Zenoni
Veronensi tributis, sed post Synodum Nicænam
scriptis, ex Epistola Alexandri Alexandrini ad
Alexandrum Episcopum Constantinopolitanum, ex
Epistola Constantini ad Nicomedienses, ex Eusebii
(libro) Pamphili de laudibus Constantini, ex ipso
denique Athanasio probat.

Et addit., p. 394, seq. Ego non ausim hoc arcanum
scrutari, etsi videre mihi videar quæ de ipso non
inepte dici possunt. Itaque ad Athanasium revertor
qui triplicem filio nativitatem manifeste tribuit. Pri-

seur d'Arrius. Arrius est devenu hérétique en niant
le premier engendré, ou en le confondant avec l'u-
nique engendré. Bullus, dans la défense du Concile
de Nicée, fait voir (sect. III, chap. v) que des écrivains catholiques, antérieurs au Concile de Nicée,
donnent au Fils de Dieu une sorte de nativité qui a
eu un commencement et a précédé la création
du monde. Il cite Athenagore, Tatien, Théophile
d'Antioche, Hippolyte et Novatien, dont il traite par
ordre. Puis enfin (chap. IX), il établit que quelques
écrivains postérieurs au Concile ont reconnu la procession du Verbe sorti du Père pour former le
monde, et il cite à l'appui les sermons attribués à
Zenon (de Vérone), mais écrits après le Concile de
Nicée, la lettre d'Alexandre (d'Alexandrie) à Alexandre, évêque de Constantinople; celle de Constantin
aux Nicomédiens; le panégyrique de Constantin,
par Eusèbe Pamphili; et enfin, Athanase lui-même.

Il ajoute (p. 394 et suiv.) : « Je n'oserais aller au
fond de ce mystère, bien que je voie plusieurs choses
à dire, qui peut-être ne manqueraient pas de force.
Je reviens donc à Athanase, qui attribue clairement

ma est qua ὁ λόγος ab æterno ex patre et apud patrem
extitit. Ob hanc nativitatem τον μονογενῆ in Scripturis
dici ipsum censuit Athanasius. Vid. Athan. Or. 3,
contra Arrianos. Altera nativitas consistit in illa
συγκαταβάσει qua ὁ λόγος a patre Deo exivit ad creationem Mundi. Hoc respectu dici illum in Scriptura
omnis creaturæ primogenitum statuit Athanasius.
Tertia demum nativitas ejus fuit cum eadem divina
persona e sinu et gloria paterna exivit, seque intulit
in uterum Sacratissimæ Virginis. Et Verbum caro
factum est. Cave autem hanc magni Athanasii inter-
pretationem contemnas, quippe quæ aptissimam tibi
clavem porrigat ad aperiendam veterum quorum-
dam mentem et sententiam quorum dicta Arriani in
hæreseos patrocinium traxere, et neoterici quidam
Theologi haud minus implicite Arrianismi accu-
sarunt.

Hæc Bullus.

Autor ait, cap. 3, fin. Notandum quod Messias est

une triple nativité au Fils. La première est celle par laquelle, de toute éternité, le Verbe est né du Père, et y demeure. C'est à cause de cette nativité que, suivant Athanase, il est appelé dans les Écritures le *Monogène* (Voir Athan., Discours III contre les Arriens). La seconde nativité consiste dans cette procession par laquelle le Verbe est sorti de Dieu pour créer le monde. C'est par rapport à celle-ci que, au sentiment d'Athanase, il est appelé par les Écritures le premier Engendré de toute créature. La troisième et dernière nativité eut lieu lorsque la même Personne Divine sortit du sein et de la gloire de son Père, et vint habiter les entrailles de la très Sainte-Vierge. Et le Verbe a été fait chair. Gardons-nous bien de mépriser cette explication du grand Athanase; elle nous donne la véritable clef des sentimens et des pensées de quelques anciens dont les Arriens ont détourné les paroles pour les faire servir à la défense de l'hérésie, et que quelques théologiens de fraîche date ont implicitement accusés d'Arrianisme. » — Voilà ce que dit Bullus.

L'auteur reprend (chap. III) : « Il faut remarquer

ipse ὁ λογος æternus, non ille Deo internus sed prola-
titius et hic dicimus stylo Cabalistico Messias, quod
Spiritu sancto natus est, qui proinde etiam Spiritus
mundi Cabalistis dicitur, quia Spiritus ejus est qui
mundum animavit. Cabalistæ etiam coguntur ut
concedant quod corpus Christi sit omnipotens, eo
quôd corpus Christi secundum illud est corpus primum, unde reliqua corpora per varias Sephiras
creatrices speciem et ornatum accepere. »

Autor deinde, cap. 4, Spinosam cum Cabala com-
parat, is ait : Ethi., p. 2, Schol. pro. 10. Omnes
concedere debent nihil sine Deo esse neque concipi
posse. Nam apud omnes in confesso est quod Deus
omnium rerum tam earum essentiæ, quam earum
existentiæ unica est causa; hoc est Deus non tantum
est causa rerum secundum fieri, sed etiam secundum esse. Hoc Spinosa cui apparet autorem ap-
plaudere. Et verum est non esse de rebus creatis
aliter pronuntiandum quam permittuntur a natura

que le Messie est bien le Verbe éternel ; non pas le Verbe de Dieu intérieur, mais celui qu'il profère ; et nous l'appelons ici, en style kabbalistique, Messie, parce qu'il est né de l'Esprit-Saint. Les Kabbalistes l'appellent encore Esprit du monde, parce que c'est son Esprit qui a animé le monde.

Les Kabbalistes sont encore forcés d'accorder que le corps du Christ est tout-puissant, parce que le corps du Christ, suivant eux, est le premier d'où les autres ont reçu, par l'entremise des diverses Sephires créatrices, leur beauté et leur parure. »

L'auteur passe (ch. 4) à Spinosa, qu'il compare avec la Kabbale. Spinosa dit (Eth., p. 2, schol. prop. 10) : « Tout le monde doit accorder que rien n'existe et ne peut être conçu sans Dieu, car il est reconnu de tout le monde que Dieu est la cause unique de toutes choses, tant de leur essence que de leur existence ; en d'autres termes, Dieu est la cause des choses, non-seulement selon le devenir, mais selon l'être. » Tel est le texte de Spinosa, à qui l'on voit que l'auteur donne son approbation. En effet, il est très-

Dei. Sed hoc non puto assecutum Spinosam meo judicio. Essentiæ quodam modo sine Deo concipi possunt, sed existentiæ Deum involvunt. Ipsaque realitas essentiarum qua scilicet in existentias influunt a Deo est. Essentiæ rerum sunt Deo coæternæ. Et Dei ipsa essentia complectitur omnes alias essentias, adeo ut Deus sine ipsis concipi non possit perfecte. Sed existentia sine Deo concipi non potest qui est ultima ratio rerum.

Hoc axioma : ad essentiam rei pertinere sine quo nec esse nec concipi potest, adhibendum est in necessariis seu speciebus, non in individuis seu contingentibus. Nam individua concipi distincte non possunt. Hinc cum Deo connexionem necessariam non

vrai que, quand on parle des choses créées, il ne faut point oublier qu'elles n'existent que par la permission de Dieu et se régler là-dessus pour en parler. Mais je ne crois pas que Spinosa y ait réussi. A mon avis, on peut jusqu'à un certain point concevoir les essences sans Dieu; mais les existences enveloppent Dieu, et la réalité même des essences qui les fait influer sur les existences est de Dieu. Les essences des choses sont coéternelles à Dieu, et l'essence même de Dieu embrasse toutes les autres essences, à ce point que l'on ne saurait avoir une conception parfaite de Dieu sans elles. Mais quant à l'existence, on ne saurait la concevoir sans Dieu, qui est la dernière raison des choses.

Cet axiome, que l'essence d'une chose, ce qui lui appartient, c'est ce sans quoi elle ne peut exister ni être conçue, a son emploi dans les choses nécessaires ou dans les espèces, mais non dans les individus ou choses contingentes; car on ne saurait avoir des individus une conception distincte. Voilà pourquoi ils n'ont point une connexion nécessaire avec Dieu, mais ils sont librement produits. Dieu a été incliné

habent, sed liberè sunt producta. Inclinatus ad ea fuit Deus determinata ratione, sed non necessitatus.

Ex nihilo aliquid fieri ad fictiones refert Spinosa, de Emend. intell. p. 374. Sed revera modi qui fiunt ex nihilo fiunt. Cum nulla sit modorum materia certe nec modus nec ejus pars præextitit, sed alius qui evanuit et cui hic successit.

Cabalistæ videntur dicere materiam nec creari ob vilitatem essentiæ nec existere posse, proinde vel nullam esse in universo materiam, vel spiritum et materiam unum idemque esse, ut habet Henricus Morus in thesibus Cabalisticis. Spinosa quoque negat ullam massam corpoream et materialem quæ sit subjectum hujus mundi a Deo creari potuisse, quia inquit ex qua divina potentia creari potuerit dissen-tientes ignorant. Est aliquid in his veri, sed credo non satis intellectum. Materia revera est, sed non subs-tantia, cum sit aggregatum seu resultans ex subs-tantiis : de materia in quantum secunda seu massa loquor extensa quæ minimè homogeneum est cor-

vers eux par une raison déterminée, il n'y a point été nécessité.

Spinosa met au nombre des fictions la proposition « Quelque chose peut sortir de rien. » Mais cependant les modes qui se produisent se produisent de rien. Il n'y a point de matière des modes. Ce n'est donc assurément ni le mode, ni partie du mode qui a préexisté, mais bien un autre mode qui s'est évanoui et auquel celui-ci a succédé.

Les Kabbalistes semblent dire qu'il n'y a ni création ni existence possible de la matière tant son essence est vile ; donc, qu'il n'y a absolument pas de matière ou que l'esprit et la matière sont une seule et même chose, comme le soutient H. Morus dans ses Thèses kabbalistiques. Spinosa prétend de même qu'il est impossible que Dieu ait créé quelque masse corporelle et matérielle pour être le sujet de ce monde, « parce que, dit-il, ceux qui sont d'un avis opposé ignorent de quelle puissance divine elle pourrait être créée. » Il y a là quelque chose de vrai ; mais on ne s'en est pas, je crois, assez rendu compte. La matière existe, en effet, mais elle n'est point sub-

pus. Sed id quod homogeneum concipimus et materiam primam vocamus, id est aliquid incompletum cum sit mere potentiale. Substantia autem plenum est aliquid atque activum.

Spinosa putavit materiam vulgi ¯non‘ existere. Hinc sæpe monet à Cartesio materiam male definiri per extensionem, Ep. 73, et extensionem male explicari per rem vilissimam quæ debeat esse in loco divisibilis, de Emend. intell. p. 385. eo quod materia debeat explicari per attributum quod æternam et infinitam essentiam exprimit. Respondeo extensionem aut si mavis primam materiam nihil aliud esse quam indefinitam quandam repetitionem rerum quatenus similes sunt inter se, seu indiscernibiles; sed ut numerus supponit res numeratas, ita extensio res quæ repetuntur, quibus præter communia insunt propria. Hæc propria accidentia faciunt limites magnitudinis figuræque actuales, prius ante pos-

stance puisqu'elle est un aggrégat ou un composé de substances. J'entends parler de la matière seconde ou de la masse étendue qui n'est point du tout un corps homogène. Mais ce que nous concevons homogène et ce que nous appelons matière première est quelque chose d'incomplet, puisque ce n'est qu'une pure puissance. La substance, au contraire, est quelque chose de plein et d'actif.

Spinosa a cru que la matière du vulgaire n'existait pas. Aussi il nous avertit souvent que Descartes la définit mal par l'étendue (Lett. 73), et qu'il donne une mauvaise explication de l'étendue, quand il la prend pour une chose très-vile qui doit être divisible dans le lieu (de la Réf. de l'Ent., p. 385); « puisqu'au contraire la matière ne s'explique que par un attribut exprimant une essence éternelle et infinie. » Je réponds que l'étendue, ou si l'on veut la matière première, n'est autre chose qu'une certaine répétition indéfinie des choses, en tant qu'elles sont semblables entre elles ou indiscernables. Mais de même que le nombre suppose des choses nombrées, de même l'étendue suppose des choses qui se répè-

sibles. Materia merè passiva est aliquid vilissimum, nempe carens omni virtute, sed tale consistit tantum vel in incompleto, vel in abstractione.

Spinosa. (Eth. p. 1, coroll. prop. 13, et schol. prop. 15 [1]). Nulla substantia ne corporea quidem divisibilis est. Hoc apud eum non mirum, quia ipsi non nisi unica est substantia : sed mihi id verum est, etsi infinitas substantias admittam, omnes enim apud me sunt indivisibles seu *monades*.

Ait idem (Eth. p. 3, schol. prop. 2,) quod mens et

---

[1] Scholium, magni quidem momenti, sed prolixius quam ut in extenso hic suppleri possit. Id tantum datur, quod magis ad rem. «Non minus absurdum est ponere quod substantia corporea ex corporibus, sive partibus componatur, quam quod corpus ex superficiebus, superficies ex lineis, linea denique ex punctis componatur. Atque hoc omnes qui claram ratio- nem infaillibilem esse sciunt fateri debent, et imprimis ii qui negant dari vacuum.

tent et qui, outre les caractères communs, en ont de particuliers. Ces accidens, qui sont propres à chacune, rendent actuelles, de simplement possibles qu'elles étaient d'abord, les limites de grandeur et de figure. La matière purement passive est quelque chose de très-vil, qui manque de toute vertu, mais une telle chose ne consiste que dans l'incomplet, ou dans une abstraction.

Spinosa (Eth., p. 1, coroll., prop. 13, et schol., prop. 15) [1]. « Aucune substance, pas même la substance corporelle, n'est divisible. » Cela n'a rien qui étonne dans son système, parce qu'il n'admet qu'une seule substance. Mais cela est également vrai dans le mien, bien que j'admette une infinité de substances; car, dans mon système, toutes sont indivisibles ou *monades*.

Spinosa dit (Eth., p. 3, schol., prop. 2) que l'es-

---

[1] Scholie très-important, mais trop étendu pour qu'on puisse le donner ici en entier. Nous nous bornons à ce qu'il y a de principal « Il n'est pas moins absurde de supposer la substance corporelle formée de corps ou de parties que de composer le corps de surfaces, les surfaces de lignes, et finalement les lignes de points. C'est là ce que doit avouer tout homme qui sait qu'une raison claire est infaillible. Que sera-ce si on se range à l'opinion de ceux qui nient le vide, etc. ? » Trad. fr. de M. Saisset.

corpus eadem res sit duobus tantum modis expressa, et quod (Eth. p. 2, schol. prop. 7,) et quod substantia cogitans et substantia extensa una eademque substantia sint quæ jam sub cogitationis jam sub extensionis attributo cognoscitur. Et ibidem ait : hæc quidam Hebræorum quasi per nebulam vidisse videntur qui scilicet putarunt Deum , Dei intellectum, resque ab ipso intellectas unum et idem esse. Hoc male mea sententia. Mens et corpus non est idem, non magis quam principium actionis et principium passionis. Substantia corporea habet animam et corpus organicum hoc est massa composita ex aliis substantiis; id verum est eamdem substantiam cogitare et habere massam extensam sibi adjunctam , sed minime ex ea consistere, cum nihil eorum non adimi possit, salva substantia. Præterea omnis substantia percipit , sed non omnis substantia cogitat. Cogitatio revera est monadum , imo omnis perceptio, sed extensio est compositorum. Deum et res a Deo intellectas unum idemque non magis dici potest, quam mentem et res a mente perceptas idem esse. Autor putat Spinosam naturam communem

prit et le corps sont la même chose, mais seulement exprimée de deux manières, et (Eth., p. 2 schol.ß, prop. 7) que la substance pensante et la substance étendue sont une seule et même substance, que l'on conçoit tantôt sous l'attribut de la pensée, tantôt sous celui de l'étendue. Il ajoute : « C'est ce qui paraît avoir été aperçu comme à travers un nuage par quelques Hébreux qui soutiennent que Dieu, l'intelligence de Dieu et les choses qu'elle conçoit ne font qu'un.» Je blâme tout ceci. L'esprit et le corps n'est pas même chose, pas plus que le principe de l'action et celui de la passion. La substance corporelle a une âme et un corps organique, c'est-à-dire une masse composée d'autres substances. Il est vrai que c'est la même substance qui pense et qui a une masse étendue qui lui est jointe, mais point du tout que celle-ci la constitue; car on peut très-bien lui ôter tout cela sans que la substance en soit altérée. Puis, en outre, toute substance perçoit, mais toute substance ne pense pas. La pensée, au contraire, appartient aux monades, et, à plus forte raison, toute perception; mais l'étendue appartient

assumsisse, cui insint attributa cogitatio et extensio
et eam esse *Spiritum*, sed nulla est spirituum extensio nisi sumas latius pro quodam animali subtili ut
angeli a veteribus accipiebantur. Addit autor modos
horum attributorum esse mentem et corpus. Sed
qui quaeso, mens potest esse modus cogitationis
cum sit cogitationis principium? Itaque potius mens
esset attributum et cogitatio esset modificatio hujus
attributi. Mirum etiam quod Spinosa supra, de
Emendatione intellectus, p. 385, negasse videtur
extensionem esse divisibilem in partes et ex partibus
compositam, quod nullum sensum recipit nisi forte
velut spatium non esse rem divisibilem. Sed spatium et tempus sunt ordines rerum non res.

aux composés. On ne peut donc pas dire que Dieu et les choses conçues par Dieu sont une seule et même chose, pas plus qu'on ne peut dire que l'esprit et les choses qu'il perçoit ne font qu'un. L'auteur croit que Spinosa a entendu parler d'une nature commune qui aurait pour attributs la pensée et l'étendue, et que cette nature est esprit. Mais il n'y a pas d'étendue des esprits, à moins qu'on ne les prenne, dans un sens plus large, pour je ne sais quel animal subtil assez semblable à ce que les anciens entendaient par leurs anges. L'auteur ajoute que l'esprit et le corps sont les modes de ces attributs. Mais comment, je vous prie, l'esprit peut-il être le mode de la pensée, lui qui est le principe de la pensée? Ce serait donc plutôt l'esprit qui serait l'attribut, et la pensée la modification de cet attribut. — On peut s'étonner aussi que Spinosa, comme on l'a vu plus haut (de la Réf. de l'Entend., p. 385), ait l'air de nier que l'étendue soit divisible en ses parties et composée de parties, ce qui n'a pas de sens, à moins que ce ne soit peut-être comme l'espace, qui n'est point une chose divisible. Mais

Recte ait autor Deum rerum omnium origines ex ipso invenisse, quemadmodum olim memini Jul. Scaligerum dicere res produci non ex potentia passiva materiæ sed ex potentia activa Dei. Et hoc ego de formis affirmo seu activis vel entelechiis.

Quod ait Spinosa (Eth. p. 1, prop. 34) Deum eadem necessitate esse causam sui [1] et omnium rerum [2] (et Tractat. politic., p. 270, c. 2, n. 2), rerum potentiam esse potentiam Dei, non admitto. Deus necessario existit, sed res libere producit, et rerum potentia a Deo producta est, sed a divina potentia diversa est, et res operantur ipsæ, etsi vires agendi acceperint.

Ait Spinosa, Ep. 21. Omnia in Deo esse et in Deo moveri cum Paulo affirmo et forte etiam cum omni-

[1] Per prop. 11.
[2] Per prop. 16, ejusque coroll.

l'espace et le temps sont les ordres des choses, et non les choses.

L'auteur a raison de dire que Dieu a trouvé de son fond les origines de toutes choses. Cela me fait souvenir de ce mot de Jul. Scaliger, que j'ai lu autrefois : « Que les choses sont produites, non pas de la puissance passive de la matière, mais de la puissance active de Dieu ; » et, je l'affirme, des formes ou activités, ou Entelechies. Quant à ce que dit Spinosa (Eth., p. 1., prop. 34) que Dieu est de la même nécessité cause de soi [1] et cause de toutes choses [2], et (Traité politique, p. 270, c. 2, n° 2.) que la puissance des choses est la puissance de Dieu, je ne l'admets pas. Dieu existe nécessairement, mais il produit librement les choses. Dieu a produit la puissance des choses, mais elle est distincte de la puissance divine. Les choses opèrent elles-mêmes, bien qu'elles aient reçu les forces d'agir.

Spinosa dit (Lett. 21) : « Tout est en Dieu et se meut en Dieu. » Je le déclare avec Paul, et sans

---

[1] Par la prop. 11.

[2] Par la prop. 16 et son coroll.

bus reliquis [1] philosophis, licet alio modo, et au-
derem etiam dicere cum omnibus antiquis Hebræis
quantùm ex quibusdam traditionibus tametsi omnibus modis adulteratis, concipere [2] licet. Ego
putem omnia esse in Deo non ut partem in toto, nec
ut accidens in subjecto, sed ut locum in locato, sed
locum spiritualem seu sustentantem, non ut locum
commensuratum seu condivisum, nempe ita ut Deus
est immensus seu ubique; adestque orbis : itaque
omnia in ipso; est enim ubi sunt res et ubi non sunt,
et manet cum discedunt et jam fuit ubi accedunt.

Autor : Quod Deus alia mediate, alia immediate

---

[1] Apud Spinosam antiquis pro reliquis.

[2] Conjicere.

doute aussi avec tous les autres philosophes, bien que ce soit d'une autre manière [1] ; j'ose même dire que ç'a été le sentiment de tous les anciens Hébreux, ainsi qu'on le peut conjecturer de certaines traditions, si défigurées qu'elles soient en mille manières. »
Quant à moi, je penserais que tout est en Dieu, non pas comme la partie dans le tout, ni comme un accident dans le sujet, mais comme le lieu dans ce qu'il remplit, lieu spirituel ou subsistant et non mesuré ou partagé, car Dieu est immense ; il est partout, le monde lui est présent, et c'est ainsi que toutes choses sont en lui, car il est où elles sont et ne sont pas ; il demeure quand elles s'en vont, et il a déjà été là où elles arrivent.

L'auteur dit que les Kabbalistes sont d'accord sur

[1] Ce témoignage considérable de Spinoza, qui déclare n'adhérer à la phrase de Saint Paul que sauf à en modifier l'esprit, disparaît dans la traduction française de M. Saisset, que j'ai quelquefois suivie, mais qui me paraît ici affaiblir le sens. M. Saisset traduit : « Je le déclare avec Paul ; nous sommes en Dieu, et nous nous mouvons en Dieu. Ce que croyaient aussi tous les anciens philosophes, bien que d'une autre façon. » Spinoza déclare à mon sens que tout en acceptant l'affirmation de Saint Paul, qui se retrouve chez d'anciens philosophes, il entend l'expliquer à sa manière. Cette restriction, qui est un aveu, manque dans la traduction française V. t. 2, page 339.

produxerit Cabalistarum concors sententia est. Hinc
subinde eloquitur de principiato quodam primo quod
Deus immediate ex se effluere fecerit, et quo mediante
cætera in seriem et ordinem sunt producta idque
variis nominibus salutare solent gratia ex : Adam
Cadmon, Messias, Christus, Λόγος, verbum, primogenitus, homo primus, homo cælestis, dux, pastor.
mediator, etc. Rationem asserti alias reddam. Rem
ipsam agnovit Spinosa ut præter nomen nil deside-
rare possis. Sequitur inquit, Eth. p. 1. schol. prop.
28. Secundo quod Deus non potest proprie dici
causa remota rerum singularium, nisi forte ea de
causa ut scilicet eas ab iis quas immediate produxit
vel potius quæ ex absoluta ejus natura sequuntur,
distinguamus. Qualia autem sint illa quæ ex absoluta Dei natura sequi dicuntur sic explicavit : prop.
21. Omnia quæ ex absoluta natura alicujus attributi
Dei sequuntur semper et infinita existere debuerunt,
sive per idem attributum æterna et infinita sunt.—
Hæc autor ex Spinosa quæ omni fundamento ca-
rent. Deus nullam creaturam infinitam producit neque ab ullo argumento ostendi potest nec assignari

ce point, que Dieu a produit de certaines choses médiatement et d'autres immédiatement, et cela l'a-
mène à parler de la production d'une première
source ouverte par Dieu, qui la fait immédiatement
couler de lui-même. Par ce médiateur, tout le reste
a été produit par séries et par ordre. Les Kabbalistes saluent ce principe de noms divers : Adam
Cadmon, le Messie, le Christ, le Verbe, le premier
engendré, le premier homme, l'homme céleste, le
guide, le pasteur, le médiateur, etc. Ailleurs, je
prouverai cette assertion, c'est un fait qu'a reconnu
Spinosa. Sauf le nom, tout s'y trouve. Il suit de là,
Eth., p. 1, schol. prop. 28 (c'est le second point) ;
il suit que Dieu ne peut être appelé proprement la
cause éloignée des choses particulières, si ce n'est
afin de distinguer cet ordre de choses de celles que
Dieu produit immédiatement ou plutôt qui suivent
de sa nature absolue. Voici maintenant, d'après l'explication de Spinosa (proposition 24), quelles sont
les choses qui sont dites suivre de la nature absolue
de Dieu. « Tout ce qui découle de la nature absolue
d'un attribut quelconque de Dieu doit être éternel

potest in quo ea differat ab ipso.

Nam quod sibi imaginatur Spinosa ex quovis attributo peculiarem prodire infinitam rem, ex extensione infinitum quoddam extensione, excogitatione infinitum quemdam intellectum, oritur ex varia imaginatione de divinis quibusdam attributis heterogeneis velut cogitatione et extensione, et innumeris aliis fortasse. Nam revera extensio non est attributum per se cum non sit nisi repetitio percipientium.

Extensum infinitum non nisi imaginarium est. Cogitans infinitum est ipse Deus. Necessaria et quæ ex infinita Dei natura sequuntur, sunt æternæ veritates. Creatura particularis ab alia producitur, at hæc rursus ab alia. Sic ergo non concipiendo veniretur ad Deum si progressus in infinitum fingeretur, et tamen revera non ultima minus quam alia anterior a Deo pendet.

et infini ; en d'autres termes, doit posséder, par son rapport à cet attribut, l'Éternité et l'Infinité. » — Ces propositions de Spinosa, que rappelle l'auteur, manquent de tout fondement. Dieu ne produit pas de créatures infinies, et on ne saurait, par aucun argument, prouver ou assigner une différence quelconque de cette créature à Dieu. L'imagination de Spinosa, à savoir que de chaque attribut on peut faire sortir un infini particulier, de l'étendue un certain infini en étendue, de la pensée un certain entendement infini, vient de la manière bizarre dont il s'imagine certains attributs de Dieu, qui seraient hétérogènes comme la pensée et l'étendue, et peut-être aussi une foule d'autres. A vrai dire, l'étendue n'est pas un attribut par soi, car elle n'est que la répétition de nos perceptions. Un étendu infini n'est qu'imaginaire : un être pensant infini, c'est Dieu même. Les choses nécessaires et qui découlent de la nature infinie de Dieu sont les vérités éternelles. Une créature particulière est produite par une autre, et celle-ci par une autre également. Ainsi donc, on aurait beau concevoir, on n'arriverait pas à Dieu, si

Ait Tatianus in oratione ad Græcos spiritus inesse
stellis angelis stirpibus aquis hominibus et quamvis
unus et idem sit, differentias in se habet. — Sed hanc
ego doctrinam minus probo. Est error de anima
mundi per idem diffusa et quæ instar aeris in orga-
nis pneumaticis pro diversis fistulis diversos sonos
facit : ita fracta fistula cessabit illic anima redi-
bitque in animam mundi. Sed sciendum est tot esse
substantias incorporeas, vel si mavis animas, quot
sunt machinæ organicæ naturales. Sed quod ait Spinosa, Eth. p. 2, schol. prop. 13. Omnia quamvis
diversis gradibus animata tamen sunt, alia mira-
bili sententia nititur, nam, inquit, cujusque rei datur necessario idea in Deo cujus Deus est causa
eodem modo ac humani corporis idea. Sed plane ab
omni specie rationis alienum est animam esse ideam.
Ideæ sunt aliquid mere abstractum ut numeri et
figuræ nec agere possunt. Ideæ sunt abstractæ et

l'on admettait la fiction d'un progrès à l'infini, et cependant il est certain que la dernière de ces créatures n'est pas moins dépendante de Dieu que celle qui la précède.

Tatien dit, dans le Discours aux Grecs, qu'il y a un esprit répandu dans les étoiles, les anges, les plantes, les eaux et les hommes ; et que cet esprit, qui est unique et le même pour tous, admet cependant des différences en lui-même. — C'est là une doctrine que je suis loin d'approuver ; c'est l'erreur de l'âme du monde universellement répandue, et qui, comme l'air dans les poumons, rend en divers organes des sons divers. L'organe venant à se briser, l'âme cessera d'y habiter, et retournera à l'âme du monde. Mais il faut savoir qu'il y a autant de substances incorporelles, d'âmes si l'on veut, que de machines organiques naturelles.

Quant à ce que dit Spinosa (Eth. p. 2, schol. prop. 13): Toutes choses, bien qu'à des degrés divers, sont animées, voilà l'étrange raison sur laquelle s'appuie son sentiment. « De toutes choses, il y a nécessairement en Dieu une idée dont Dieu est cause de

universales : idea animalis cujusque est possibilitas,
et illusio est animas immortales dicere, quia ideæ
sunt æternæ, quasi globi anima æterna diceretur
quia idea sphærici corporis æterna est. Anima non
est idea, sed fons innumerabilium idearum. Habet
enim præter ideam præsentem activum aliquid seu
productionem novarum idearum. At secundum Spinosam quovis momento alia erit anima quia mutato
corpore alia est corporis idea. Hinc non mirum si
creaturas pro modificationibus evanidis habet.—
Anima ergo est aliquid vitale seu continens vim
activam.

Ait Spinosa Eth., p. 1, prop. 16. Ex necessitate
divinæ naturæ infinita infinitis modis (hoc est omnia
quæ sub intellectum infinitum cadere possunt) sequi

la même façon qu'il l'est aussi de l'idée du corps humain.» Mais il n'y a pas d'apparence de raison à dire que l'âme est une idée ; les idées sont quelque chose de purement abstrait, comme les nombres et les figures, et ne peuvent agir. Les idées sont abstraites et universelles. L'idée d'un animal quelconque est une possibilité, et il est illusoire de dire que les âmes sont immortelles, parce que les idées sont éternelles, comme si l'on disait que l'âme d'un globe est éternelle, parce que l'idée du corps sphérique l'est en effet. L'âme n'est point une idée, mais la source d'innombrables idées ; elle a, outre l'idée présente, quelque chose d'actif, ou la production de nouvelles idées. Mais, suivant Spinosa, l'âme change à chaque moment, parce qu'aux changemens du corps correspond un changement dans son idée. Je ne m'étonne plus ensuite s'il fait, des créatures, des modifications passagères. — L'âme est donc quelque chose de vital, qui contient une force active.

Spinosa dit (Eth. p. 1, prop. 16) :« De la nécessité de la nature divine doivent découler des infinis de modes infinis, c'est-à-dire tout ce qui peut tomber

debent. Sententia falsissima et idem est his error cum
eo quem Cartesius insinuavit, materiam successive
omnes formas suscipere. Spinosa incipit ubi Cartesius
desinit: *in naturalismo.* Idem male, Ep. 58, mundum divinæ naturæ effectum esse, etsi pene addat
non esse factum fortuita. Datur medium inter
necessaria et fortuita, nempe liberum. Mundus est
effectus Dei voluntarius sed ob rationes inclinantes
seu prævalentes. Et licet fingeretur mundus perpe-
tuus, tamen necessarius non foret. Potuisset Deus
aut non aut aliter creare, sed non erat facturus.
Putat, Ep. 49. Deum ea necessitate mundum producere qua se intelligit. Sed respondendum est
multis modis res esse possibiles, at ut se non intelli-
geret, impossibile erat. — Spinosa porro ait, Eth.
p. 1, schol. prop. 17. Scio plures esse qui putant se
demonstrare posse ad Dei naturam summum intellectum et liberam voluntatem pertinere nihil enim
perfectius agnoscere se aiunt quod Deo tribuere possunt quam id quod in nobis summa perfectio
est ' ... ideo maluerunt Deum ad omnia indifferentem

1 Porro tametsi Deum actu summe intelligentem concipiant, non

sous une intelligence infinie. » C'est là une opinion très-fausse ; et, sous une autre forme, l'erreur que Descartes a insinuée : à savoir, que la matière prend successivement toutes les formes. Spinosa commence où finit Descartes : *Dans le Naturalisme.* Il a tort aussi de dire (Lettre 58) : que le monde est l'effet de la nature divine, bien qu'il laisse entendre qu'il ne l'est pas du hasard. Il y a un milieu entre ce qui est nécessaire et ce qui est fortuit : c'est ce qui est libre. Le monde est un effet volontaire de Dieu, mais à cause de raisons inclinantes ou prévalentes. Quand bien même on supposerait la perpétuité du monde, il ne serait pas nécessaire. Dieu pouvait ou ne pas créer, ou créer autrement ; mais il ne devait point le faire. Il pense (Lett. 49) : que Dieu produit le monde de la même nécessité qu'il a l'intelligence de soi-même. Mais il faut répondre que les choses sont possibles en beaucoup de manières, tandis qu'il était tout à fait impossible que Dieu n'eût pas l'intelligence de soi. Spinosa dit donc (Eth. p. 1, prop. 17) : « Je sais que plusieurs philosophes croient pouvoir démontrer que la souveraine intelligence et la libre

statuere nec aliud creantem præter id quod absoluta quadam voluntate statuit creare. Verum ego me satis clare ostendisse puto [1] a summa Dei potentia [2] omnia eadem necessitate sequi, eodem modo ut[3] ex natura trianguli[4] sequitur ejus tres angulos æquari duobus rectis.—Ex initio horum verborum patet Spinosam Deo non tribuere intellectum et voluntatem. Recte negat Deum esse indifferentem et absoluta voluntate aliquid statuentem : statuit voluntate rationibus innixa. Res ex Deo sequi, ut proprietates ex triangulo, nullo argumento comprobatur neque analogia est inter essentias et res existentes.

tamen credunt, cum posse omnia, quæ actu intelligit, efficere ut existant ; nam se eo modo Dei potentiam destruere putant. Si omnia, inquiunt, quæ in ejus intellectu sunt, creavisset, nihil tum amplius creare potuisset, quod credunt Dei omnipotentiæ repugnare.

[1] Omisso (vide prop. 16).

[2] Sive infinita natura, infinita infinitis modis, hoc est, omnia necessario effluxisse vel semper eadem necessitate sequi (ut suprà)

[3] Ac pro ut.

[4] Ab æterno et in æternum.

volonté appartiennent à la nature de Dieu ; car, disent-ils, nous ne connaissons rien de plus parfait à attribuer à Dieu que cela même qui est en nous la plus haute perfection [1]... et c'est pourquoi ils ont mieux aimé faire Dieu indifférent à toutes choses et ne créant rien d'autre que ce qu'il a résolu de créer par je ne sais quelle volonté absolue. Pour moi, je crois avoir assez clairement montré [2] que de la souveraine puissance de Dieu [3] toutes choses découlent d'une égale nécessité, de la même façon que de la nature du triangle il résulte [4] que ses trois angles égalent deux droits. » — Dès les premiers mots on voit clairement que Spinosa refuse à Dieu l'intelligence et la volonté. Il a raison de ne

[1] « Or, ces mêmes philosophes, quoiqu'ils conçoivent la souveraine intelligence de Dieu comme existant en acte, ne croient pourtant pas que Dieu puisse faire exister tout ce qui est contenu en acte dans so intelligence, autrement ils croiraient avoir détruit la puissance de Dieu. Si Dieu avait créé, disent-ils, tout ce qui est en son intelligence, il ne lui serait plus rien resté à créer, conséquence qui leur paraît contraire à l'omnipotence divine. » Trad. fr. T. II, p. 22.

[2] Le texte renvoie à la prop. 16.

[3] Ou de sa nature infinie, des infinis de modes infinis, c'est-à-dire toutes choses ont découlé nécessairement ou découlent sans cesse.

[4] De toute l'éternité.

Idem schol. ad prop. 17¹ vult intellectum et volun-

¹ Omnis locus ex integro mihi restituendus videtur qui ita se habet :
« nam intellectus et voluntas qui Dei essentiam constituerent, a nostro
intellectu et voluntate toto cœlo differre deberent, nec in ulla re, præterquam in nomine, convenire possent ; non aliter scilicet, quam inter se
conveniunt canis, signum cœleste, et canis, animal latrans. Quod sic de-
monstrabo. Si intellectus ad divinam naturam pertinet, non poterit, uti
noster intellectus, posterior (ut plerisque placet) vel simul natura esse cum
rebus intellectis, quando quidem Deus omnibus rebus prior est causalitate
(per coroll. 1, prop. 16) sed contra veritas et formalis rerum essentia ideo
talis est, quia talis in Dei intellectu existit objective. Quare Dei intellectus,
quatenus Dei essentiam constituere concipitur, est revera causa rerum,
tam earum essentiæ quam earum existentiæ ; quod ab iis videtur etiam
fuisse animadversum, qui Dei intellectum, voluntatem et potentiam unum
et idem esse asseruerunt. Cum itaque Dei intellectus sit unica rerum causa,
videlicet (ut ostendimus) tam earum essentiæ, quam earum existentiæ,
debet ipse necessario ab iisdem differre, tam ratione essentiæ quam ratione
existentiæ, nam causatum differt a sua causa præcisè in eo, quod a causa
habet. Ex grat. homo est causa existentiæ, non vero essentiæ alterius
hominis; est enim hæc æterna veritas : et ideo secundum essentiam pror-
sus convenire possunt ; in existendo autem differre debent, et propterea,
si unius existentia pereat, non ideo alterius peribit; sed si unius essentia

pas vouloir d'un Dieu indifférent et décrétant toutes choses par une volonté absolue ; il décrète par une volonté qui s'appuie sur des raisons. Spinosa ne donne point de preuves de ce qu'il avance que les choses découlent de Dieu comme de la nature du triangle en découlent les propriétés. Il n'y a point d'analogie d'ailleurs entre les essences et les choses existantes.

Dans le scholie de la proposition 17 [1] il veut

---

[1] Il nous paraît nécessaire de donner tout ce passage : « L'intelligence et la volonté qui, dans cette hypothèse, constitueraient l'essence de Dieu, devraient différer de tout point de notre intelligence et de notre volonté, et ne pourraient leur ressembler que d'une façon toute nominale, absolument comme se ressemblent entre eux le chien, signe céleste, et le chien animal aboyant. C'est ce que je démontre ainsi qu'il suit. S'il y a en Dieu une intelligence, elle ne peut avoir le même rapport que la nôtre avec les objets qu'elle embrasse. Notre intelligence, en effet, est par sa nature postérieure à ces objets (c'est le sentiment commun) ou du moins simultanée, tandis qu'au contraire Dieu est antérieur à toutes choses par la causalité (voir le coroll. 1 de la propos. XVI), et la vérité, l'essence formelle des choses n'est ce qu'elle est que parce qu'elle existe objectivement telle dans l'intelligence de Dieu ; par conséquent, l'intelligence de Dieu, en tant qu'elle est conçue comme constituant l'essence de Dieu, est véritablement la cause des choses, tant de leur essence que de leur existence, et c'est ce que semblent avoir aperçu ceux qui ont soutenu que l'intelligence, la volonté et la puissance de Dieu ne sont qu'une seule et même chose. Ainsi donc, puisque l'intelligence de Dieu est la cause unique des choses (comme nous l'avons montré), tant de leur essence que de leur existence, elle doit nécessairement différer de ces choses sous le rapport de l'essence aussi bien que sous le rapport de l'existence. La chose causée, en effet, diffère de

talem Dei cum nostro solum nomine convenire, nam nostrum esse posteriorem rebus, Dei priorem, sed hinc non sequitur solo nomine convenire. Alibi tamen dicit cogitationem esse attributum Dei et ad illam referendos particulares cogitandi modos. Eth. p. 2, prop. 1. Sed tunc putat autor eum loqui de verbo Dei externo quod, Eth. p. 5, mens nostra pars intellectus infiniti.

Mentem humanam ait Spinosa (Eth. p. 5, prop.

destrui posset et fieri falsa, destrueretur etiam alterius essentia. Quapropter res, quæ et essentiæ et existentiæ alicujus effectus est causa, a tali effectu differre debet, tam ratione essentiæ quam ratione existentiæ. Atqui Dei intellectus est et essentiæ et existentiæ nostri intellectus causa: ergo Dei intellectus, quatenus divinam essentiam constituere concipitur, a nostro intellectu tam ratione essentiæ quam ratione existentiæ differt, nec in ulla re, præterquam in nomine cum eo convenire protest, ut volebamus. Circa voluntatem eodem modo proceditur, ut facile unusquisquam videre potest. »

que l'intelligence et la volonté de Dieu n'aient
avec la nôtre qu'un rapport nominal, parce que la
nôtre est postérieure et celle de Dieu antérieure aux
choses ; mais il ne suit pas de là qu'il n'y ait entre
elles qu'un rapport purement nominal. Il dit pourtant ailleurs que la pensée est un attribut de Dieu,
et qu'on doit y rapporter les modes particuliers de
la pensée (Eth. p. 2, prop. 1). Mais l'auteur croit
qu'alors il parle du Verbe de Dieu extérieur, parce
qu'il dit (Eth. p. 5) : que notre âme est une partie de
l'intelligence infinie.

« L'âme humaine, dit Spinosa (Eth., p. 5, Dé-

sa cause précisément en ce qu'elle en reçoit ; par exemple, un homme est
cause de l'existence d'un autre homme, non de son essence. Cette essence,
en effet, est une vérité éternelle, et c'est pourquoi ces deux hommes peuvent se ressembler sous le rapport de l'essence ; mais ils doivent différer
sous le rapport de l'existence, et de là vient que, si l'existence de l'un
d'eux est détruite, celle de l'autre ne cessera pas nécessairement. Mais si
l'essence de l'un d'eux pouvait être détruite et devenir fausse, l'essence de
l'autre périrait en même temps. En conséquence, une chose qui est la
cause d'un certain effet, et tout à la fois de son existence et de son essence,
doit différer de cet effet, tant sous le rapport de l'essence que sous le rapport de l'existence. Or, l'intelligence de Dieu est la cause de l'existence et
de l'essence de la nôtre. Donc, l'intelligence de Dieu, en tant qu'elle est
conçue comme constituant l'essence divine, diffère de notre intelligence,
tant sous le rapport de l'essence que sous le rapport de l'existence, et ne
lui ressemble que d'une façon toute nominale, comme il s'agissait de le
démontrer. Or, chacun voit aisément qu'on ferait la même démonstration
pour la volonté de Dieu. » Trad. franç. T. II, p. 23.

23, demonst.), non posse cum corpore absolute destrui, sed ejus aliquid remanere quod æternum est :
id autem ad tempus non referri adeoque durationem
inquit menti nisi durante corpore non tribuimus. Et
in schol. subseq. ait, Est hæc idea, quæ corporis essentiam sub specie æternitatis exprimit, certus cogitandi modus qui ad mentis essentiam pertinet
quique necessario æternus est, etc. Hæc illusoria esse
oportet. Hæc idea est qualis figura sphæræ cujus æter-
nitas nihil præjudicat existentiam, cum sit ipsa possibilitas idealis sphæræ. Itaque nihil est quod dicitur
mentem nostram quatenus corpus sub æternitatis
specie involvit æternam esse, pariterque æterna erit
quia æternas veritates de triangulo intelligit. Mens
nostra non durat nec tempus refertur ultra actualem
corporis existentiam. Ita Spinosa d. l. qui eam cum
corpore perire putat quia judicavit ipsum corpus
unicum semper manere etsi transformetur.

monst. prop. 23), ne peut être entièrement détruite avec le corps. Il reste d'elle quelque chose qui est éternel. Mais cela n'a point de relation avec le temps. Car nous n'attribuons à l'âme de durée que pendant la durée du corps. » Dans le scholie suivant, il ajoute : « Cette idée, qui exprime l'essence du corps sous le caractère de l'éternité, est un mode déterminé de la pensée qui se rapporte à l'essence de l'âme et qui est nécessairement éternel, etc. » Tout cela est illusoire. Cette idée est comme la figure de la sphère dont l'éternité ne préjuge pas l'existence, puisqu'elle n'est que la possibilité d'une sphère idéale. Ce n'est donc rien dire que de dire : Notre âme est éternelle en tant qu'elle enveloppe le corps sous le caractère de l'éternité. Elle sera tout aussi bien éternelle parce qu'elle comprend les vérités éternelles sur le triangle. « Notre âme n'a pas de durée. Le temps n'a plus aucune relation à ce qui dépasse l'existence actuelle du corps. » Ainsi s'exprime Spinosa, qui pense que l'âme périt avec le corps, parce qu'il a cru qu'il ne subsiste jamais qu'un seul corps, bien qu'il puisse se transformer.

Addit autor: quod mentes in alia et alia corpora migrent variasque domos et habitacula æternitatis nusquam a Spinosa diserte proditum lego, inferri tamen ex ejus sententia posset. Sed errat noster. Eadem anima Spinosæ non potest esse idea corporis alterius ut figura sphæræ non est figura cylindri. Spinosæ anima adeo fugax est, ut nec ad momentum existat, nam et corpus idea manet. Spinosa, Eth. p. 5, prop. 21, ait memoriam et imaginationem cum corpore evanescere. Sed ego censeo semper aliquam imaginationem et memoriam manere et sine illis animam nullam fore. Neque putandum est mentem existere sine sensu seu anima. Ratio sine imaginatione et memoria est consequentia sine præmissis. Aristoteles etiam putavit durare νουν, mentem, seu intellectum agentem, non animam. Sed ipsa etiam anima agit et mens patitur.

L'auteur ajoute : Je ne vois nulle part que
Spinosa ait dit positivement que les âmes passent
d'un corps dans un autre et habitent différentes
demeures et divers séjours d'éternité. On pourrait
cependant l'inférer de sa pensée. » — C'est une erreur de l'auteur. La même âme, pour Spinosa, ne
peut pas être l'idée d'un autre corps, de même que
la figure d'une sphère n'est pas la figure d'un cylin-
dre. L'âme, pour Spinosa, est tellement fugitive,
qu'elle n'existe même pas dans le moment présent ;
car le corps, lui aussi, ne demeure qu'en idée. Spinosa (Eth. p. 5, prop. 21) dit que la mémoire et
l'imagination s'évanouissent avec le corps. Mais je
pense, pour ma part, que toujours quelque imagination et quelque mémoire demeurent, et que, sans
elles, l'âme serait un pur néant. Il ne faut pas croire
que la raison existe sans le sentiment ou sans une
âme. Une raison sans imagination ni mémoire est
une conséquence sans prémisses. Aristote aussi a
pensé que la raison ou l'intellect agent subsistent et
non l'âme. Mais souvent l'âme agit et la raison est
passive.

Ait Spinosa (Tr. de Emendat. intell. p. 384), veteres nunquam quod sciam conceperunt uti nos hic animam secundum certas leges agentem et quasi aliquod *automa* (voluit dicere automaton) spirituale. Hoc autor de sola anima non de mente interpretatur, et animam agere secundum leges motus et causas externas. Deerrarunt ambo, animam dico sponte agere et tamen ut automaton spirituale, idque et de mente esse verum. Non animam minus quam mentem ab exteriorum impulsibus immunem esse et non animam magis quam mentem determinate agere, ut in corporibus omnia fiunt per motus secundum leges potentiæ, ita in anima omnia fiunt per conatus, seu desideria secundum leges boni. Consentiunt duo regna. Interim verum est quædam in anima sic esse ut nonnisi per externa adæquate explicari possint et eatenus anima obnoxia est externis, non influxu physico sed, ut sic dicam, morali, quatenus nempe Deus in condenda mente magis ad alia quam ipsam respexit. Nam ipse in unoquoque condendo et conservando respicit ad alia omnia.

Spinosa dit (Tr. de la ref. de l'Ent., p. 384) « : Les anciens n'ont jamais, que je sache, conçu, comme nous faisons ici, une âme agissant suivant des lois déterminées et comme un automa (il a voulu dire automate) spirituel. » L'auteur entend ce passage comme s'il s'agissait de l'âme seule et non de la rai=son, et dit que l'âme agit suivant les lois du mouvement et les causes extérieures. Tous deux se sont trompés.

Je dis que l'âme agit et cependant qu'elle agit comme un automate spirituel, et je soutiens que cela n'est pas moins vrai de la raison. L'âme n'est pas moins exempte que la raison des impulsions du dehors, et l'âme n'est pas déterminée plus spéciale-ment que la raison à agir. De même que dans les corps, tout se fait par les mouvemens suivant les lois de la puissance, de même, dans l'âme, tout se fait par l'effort ou le désir, suivant les lois du bien. Il y a accord des deux règnes. Il est vrai cependant qu'il y a dans l'âme certaines choses qui ne peuvent s'expliquer d'une manière adéquate que par les choses externes. Sous ce rapport, l'âme est sujette au de-

Voluntatem autor male appellat conatum cujusque rei persistendi in esse suo. Voluntas enim ad specialiora, modumque existendi perfectiorem tendit. Conatum male ait ipsam esse essentiam, cum essentia sit semper eadem, conatus vero varient. Affirmationem esse conatum mentis perseverandi in esse suo, id est conservandi ideas suas, non admitto. Habemus hunc conatum etiam cum nil affirmamus. Præterea apud Spinosam mens est idea, non habet ideas. Male etiam putat affirmationem et negationem esse volitionem, cum tamen hæc præterea rationem boni involvat.

Spinosa (Ep. 2 ad., Oldenb.) voluntatem ait differre ab hac vel illa volitione, ut albedinem ab hoc vel

hors; mais ce n'est pas par un influx physique, mais moral pour ainsi dire, en tant que Dieu, dans la création de la raison, a eu plus d'égard aux autres choses qu'à elle-même; car, dans la création et la conservation de chacun, il a égard à toutes les autres choses.

C'est à tort que l'auteur appelle la volonté l'effort de chaque chose pour persister dans son être; car la volonté a des fins plus particulières et tend à un mode plus parfait d'existence. Il a tort aussi de dire que l'effort est identique à l'essence, tandis que l'essence est toujours la même et que les efforts varient. Je ne saurais admettre que l'affirmation soit l'effort de la raison pour persévérer dans son être, c'est-à-dire pour conserver ses idées. Nous avons cet effort même sans rien affirmer. Puis, en outre, chez Spinosa, la raison est une idée, elle n'a pas des idées. C'est encore une de ses erreurs de penser que l'affirmation ou la négation est une volition. La volition enveloppe, en outre, la raison du bien.

Spinosa (Lett. 2 à Oldenb.) soutient que la volonté diffère de telle ou telle volition de la même manière

illo albo : itaque voluntatem non esse causam volitio-
nis ut humanitas non est causa Petri et Pauli. Causa
igitur alia egent volitiones particulares. Voluntas est
tantum ens rationis. Hæc Spinosa. — Sed voluntatem nos accipimus pro potentia volendi, cujus exer-
citium est volitio. Ergo utique per voluntatem volu-
mus, sed verum est aliis causis specialibus opus esse
ad determinandam voluntatem, nempe ut certam
producat volitionem. Certo modo modificanda est.
Voluntas ergo ad volitiones non se habet ut species
vel speciei abstractum ad individua. Errores non
sunt liberi nec actus voluntatis, etsi sæpe per liberas
actiones ad errores nostros concurramus.

Dein Spinosa (Tract. polit., c. 2 n° 6) « Homines inquit in natura velut imperium in imperio (Malcuth in
Malcuthaddit autor) concipiunt [1]. Nam mentem hu-

---

[1] Quid sit Malcuth vide supra.

que la blancheur de telle ou telle couleur blanche, et que, par conséquent, la volonté n'est pas plus la cause de telle ou telle volition que l'humanité n'est la cause de Pierre ou de Paul. Les volitions particulières ont donc besoin pour exister d'une autre cause. La volonté n'est qu'un être de raison. Ainsi parle Spinosa. Mais nous, nous prenons la volonté pour la puissance de vouloir dont l'exercice est la volition. C'est donc bien par la volonté que nous voulons ; mais il est vrai qu'il est nécessaire que d'autres causes spéciales la déterminent pour qu'elle produise une certaine volition. Elle doit être modifiée d'une certaine manière. La volonté n'est donc pas aux volitions comme l'espèce ou l'abstraction de l'espèce aux individus. Les erreurs ne sont point libres et ne sont pas des actes de la volonté, bien que souvent nous concourrions à nos erreurs par des actions libres.

Les hommes, dit-il, se conçoivent dans la nature comme un empire dans un empire (Malcuth in Malcuth, ajoute l'auteur). Ils s'imaginent que l'esprit de l'homme n'est pas le produit des causes naturelles, mais qu'il est immédiatement créé de Dieu, dans

5*

manam a nullis causis naturalibus statuunt produci
sed a Deo immediate creari a reliquis rebus adeo
independentem ut absolutam potestatem habeat se
determinandi et ratione recte utendi. Sed experientia
satis superque ostendit, quod in nostra potestate
non magis sit mentem sanam quam corpus sanum
habere.» Hæc ille. — Mea sententia quælibet substantia est imperium in imperio, sed exacte rebus cæteris
conspirans : nullum ab alio quocumque præter
Deum influxum accipit, sed tamen ab aliis omnibus
sed per Deum autorem) dependet : immediate a Deo
prodit, et tamen aliis rebus consentanea producitur :
cæterum non omnia sunt æque in nostra potestate.
Nam magis huc vel illuc inclinamur. Malcuth seu
regnum Dei nec divinam nec humanam libertatem
tollit , sed indifferentiam æquilibrii quam statuunt,
qui rationes actionum suarum, quas non intelligunt,
nullas esse putant.

Spinosa putat mentem valde firmari si quæ fiunt
necessario fieri intelligat : sed hoc coactu patientis
animum contentum non reddit, neque ideo minus

une telle indépendance du reste des choses, qu'il a
une puissance absolue de se déterminer et de faire
un bon usage de sa raison. Mais l'expérience nous
prouve surabondamment qu'il n'est pas plus en notre pouvoir d'avoir la santé de l'esprit que d'avoir
la santé du corps. Ainsi parle Spinosa.—A mon avis,
chaque substance est un empire dans un empire,
mais dans un juste concert avec tout le reste : elle
ne reçoit aucun courant d'aucun être, si ce n'est de
Dieu même ; mais, cependant, elle est mise par Dieu,
son auteur, dans la dépendance de toutes les autres.
Elle sort immédiatement de Dieu, et pourtant elle
est produite conforme aux autres choses. Sans doute,
tout n'est pas également en notre pouvoir, car nous
sommes inclinés davantage ici ou là. Malcuth ou le
règne de Dieu, ne supprime ni la liberté divine, ni
la liberté humaine, mais seulement l'indifférence
d'équilibre, invention de ceux qui nient les motifs
de leurs actions faute de les comprendre.

Spinosa s'imagine que du jour où l'homme sait,
que les événemens sont le produit de la nécesssité, son
esprit en est merveilleusement affermi. Croit-il donc

malum suum sentit. Felix est si intelligat bonum ex malo sequi et quæ fiunt nobis optima esse, si sapimus.

Ex his etiam intelligitur quæ Spinosa de amore Dei intellectuali habet (Eth. p. 4, prop. 28 [1]), nonnisi ad populum phaleras esse cum in Deo omnia bona malaque indiscriminatim necessario producente nihil est amabile, verus Dei amor fundatur non in necessitate sed bonitate.

Spinosa (de Emend. intell., p. 388) ait rerum particularium id est talium quarum existentia nullam habet connexionem cum earum essentia quæque proinde æternæ veritates non sunt, nullam dari scientiam, sed tantum experientiam. Hæc pugnant cum iis quæ alibi dixerat, omnia necessaria esse, omnia necessario fluere ex divina essentia. Idem

[1] Pars 4ᵉ pro parte 5ᵉ ubi passim de amore intellectuali agitur.

par cette contrainte rendre plus content le cœur du patient? L'homme en sent-il moins son mal? Il sera véritablement heureux au contraire, s'il comprend que le bien résulte du mal et que ce qui arrive est pour nous le meilleur si nous sommes sages.

On voit clairement, par ce qui précède, que tout le chapitre de Spinosa sur l'amour intellectuel de Dieu (Eth. p. 5) n'est qu'un habit de parade pour le peuple, puisqu'il ne saurait rien y avoir d'aimable dans un Dieu, qui produit sans choix et de toute nécessité le bien et le mal. Le véritable amour de Dieu se fonde non pas sur la nécessité, mais sur la bonté.

Spinosa (de la ref. de l'Ent., p. 388) dit qu'il n'y a point de science, mais qu'on a seulement l'expérience des choses particulières, c'est-à-dire telles que leur existence n'a aucune liaison avec leur essence et qui, par conséquent, ne sont point des vérités éternelles. — Cela contredit ce qu'il avait dit ailleurs, à savoir que tout est nécessaire, que tout découle nécessairement de l'essence divine. — Autre contradiction : Spinosa (p. 2, Eth. schol. prop. 10)

(p. 2. Eth. schol. prop. 10), oppugnat eos, qui naturam Dei ad essentiam rerum creatarum, spectare aiunt et tamen alibi statuerat res sine Deo nec esse nec concipi et ex ipso necessario oriri. (Part. 1. Eth. prop. 21.) Contendit causa ea finita et temporalia a causa infinita immediate non produci, sed (prop. 28) produci ab aliis singularibus et finitis. sed quomodo ergo tandem a Deo oriuntur? Nam nec mediate ab eo oriuntur hoc modo quia nunquam ad ea pervenietur, quæ non similiter ab alio finito. Non igitur dici potest Deum mediantibus causis secundis agere, nisi producit causas secundas. Dicendum ergo potius Deum producere substantias non earum actiones ad quas solum concurrit.

Autor incommoda Cabalæ non aliter excusat § 5, quam quod sint omni philosophiæ communia, etiam

combat ceux qui prétendent que la nature de Dieu appartient à l'essence des choses créées, et cependant il avait établi précédemment [1] que les choses n'existent et ne peuvent être conçues sans Dieu et qu'elles naissent nécessairement de lui.—(Part. 1, Eth. prop. 24) Il soutient par ce motif que les choses finies et temporelles ne sauraient être produites immédiatement par une cause infinie, mais qu'elles le sont (prop. 28) par d'autres causes singulières et finies. Mais comment sortiront-elles enfin de Dieu? car elles ne peuvent en sortir non plus médiatement dans ce cas, puisqu'on n'arrivera jamais ainsi qu'à la production du fini par le fini. On ne peut donc pas dire que Dieu agit par l'intermédiaire des causes secondes, s'il ne produit ces causes mêmes. Il vaut donc mieux dire que Dieu produit les substances et non les actions de ces substances auxquelles il ne fait que concourir.

L'auteur ne trouve pas d'autre excuse aux inconvéniens de la Kabbale (§ 5) que de dire qu'ils sont

---

[1] Eth. p. 1, prop. 15.

Aristotelicæ et Cartesianæ, et ideo etiam Cabalistis doceri posse. Allegat deinde quod Aristoteles creationem et providentiam neget, unam intelligentiam in tota specie humana statuat, Cartesius causas finales tollat. Putat autor (Scholium) in Academiis Aristotelem doceri jussisse.

Putat autor veteres voluisse ut philosophia in scholis doceretur quæ possit a Theologis corrigi et impugnari, ne quis per omnimodam Theologiæ cum philosophia conspirationem seductione diaboli (si displicet, autor irridens loquitur) per omnimodam Theologiæ cum philosophia conspirationem in hanc cogitationem incidat, Religionem Christianam esse opus rationis. Hæc noster quæ irrisoria mihi videntur. Quanto magis ratio conspirat Religioni, tanto melius omnia habentur. Supererunt tamen semper quædam revelata, quæ sunt facti et Historiæ et Rationi aliquid superaddunt. Et hoc prætextu hostem admitti, ne nimis amico consentire videamur, insulsum fuerit.

communs à toute philosophie, même à celle d'A-
ristote et de Descartes. Les Kabbalistes peuvent donc
enseigner. Il allègue ensuite, à l'appui de son assertion, qu'Aristote nie la Création et la Providence, et
ne met qu'une seule intelligence dans toute l'espèce
humaine. Quant à Descartes, il supprime les causes
finales. L'auteur croit qu'Aristote fut enseigné par
ordre dans les académies.

L'auteur pense que l'intention des anciens en faisant enseigner dans les écoles une philosophie qui
pût être corrigée et attaquée par les théologiens,
a été d'empêcher que quelque âme trompée par le
diable sans doute (l'auteur raille, il ne faut pas lui
en vouloir), que cette âme donc en voyant la théologie et la philosophie conspirer de tout point, ne
tombe en cette pensée que la religion chrétienne est
l'œuvre de la raison. Ainsi parle notre auteur. Il se
moque sans doute. Plus la raison et la religion cons-
pirent, mieux vont les choses. Il restera toujours à
la révélation ses mystères qui sont de fait et qui sur-
ajoutent quelque chose à l'histoire et à la raison.
Laisser entrer l'ennemi dans la place sous le pré-

Theologiam nec a philosophia opem petere nec detrimentum pati autor putat p. 77. Male. Philosophia et Theologia sunt duæ veritates inter se consentientes nec verum vero pugnare potest, et ideo si Theologia vera philosophiæ pugnaret, falsa foret. Philosophiam ait niti fundamento sceptico, ratione nempe respectiva qua homines res ex hypothesi concipiunt: quasi vero philosophia vera hypothesibus niteretur. Ait quo magis Theologia et philosophia dissentiunt, hoc minus Theologia gravi suspicione poterit contaminari : imo contra, cum verum vero consentiat, suspecta erit Theologia quæ cum ratione pugnat. Dudum explosi Averroistæ philosophi seculi quinti et sexti decimi qui duplicem veritaten statuebant. Contra invecti philosophi Christiani ut conspirationem philosophiæ et Theologiæ ostenderent. Male Cartesius libertatem hominis non posse conciliari cum natura Dei.

texte qu'il ne faut pas avoir l'air de donner trop raison à un ami, c'est absurde.

La théologie n'a rien à demander ni rien à crain-
dre de la philosophie, à en croire l'auteur (p. 77).
Il a tort. La philosophie et la théologie sont deux
vérités qui s'accordent entre elles. Le vrai ne peut
être ennemi du vrai, et si la théologie contredisait
la vraie philosophie, elle serait fausse. Il prétend que
la philosophie repose sur une base sceptique : à savoir, sur la raison respective qui part d'une hypothèse pour concevoir les choses ; comme si la vraie
philosophie était basée sur des hypothèses. Il dit que
plus grand sera le désaccord de la philosophie et de
la théologie, d'autant moindre sera le danger que la
théologie soit suspecte. C'est tout le contraire. En
vertu de l'accord du vrai avec le vrai, sera suspecte
toute théologie qui contredit la raison. Voyez les
philosophes Averroïstes du quinzième siècle, qui
prétendaient que la vérité est double. Ils sont tombés il y a longtemps. Ils ont soulevé contre eux les
philosophes chrétiens toujours là pour montrer l'accord de la philosophie et de la théologie. Descartes

Notat autor doctrinam de Animarum Revivivatu in corpora a Christo in discipulis, et a Christianis in origine esse toleratam. Sed sciendum est revera nullum esse transitum animæ de corpore in corpus, nisi quatenus corpus ipsum insensibiliter mutatur. Metampsychosis foret contra regulam, quod nihil per saltum. Animam de corpore transire in corpus perinde est ac corpus saltu ire de loco in locum nec tamen per intermedia transire.

In omnibus his rationis egestas.

s'est trompé quand il a cru la liberté de l'homme inconciliable avec la nature de Dieu.

L'auteur remarque que la doctrine de la reviviscence des âmes dans les corps a été tolérée par le Christ dans les disciples et par les chrétiens à l'origine. — Il faut savoir qu'à vrai dire il n'y a d'autre passage de l'âme d'un corps dans un autre que celui-là même qui s'opère dans un même corps par le changement insensible de ses parties. La métempsychose serait contre la règle que rien ne se fait par sauts. Un brusque passage de l'âme d'un corps dans un autre ne serait pas moins étrange que le déplacement d'un corps qui d'un bond irait d'un lieu dans un autre, sans cependant traverser l'intervalle. Il y a dans tout ceci une grande pau-. vreté de raison.

www.ingramcontent.com/pod-product-compliance
Lightning Source LLC
Chambersburg PA
CBHW070403090426
42733CB00009B/1514